세상을 바꾼 문명 이야기

김윤정 글 · 이상미 그림

도서출판 산하

| 머리말 |

세계 문명을 찾아 여행을 떠나 보아요

어린 시절에 나는 지도책 보는 일을 좋아했습니다. 지도에 나오는 수많은 나라들과 도시들을 손가락으로 짚어 가며 끝없는 상상 속으로 빠져 들곤 했지요. 나이가 들어서는 역사를 소재로 다룬 영화와 드라마를 즐겨 보았습니다. 2천여 년 전의 로마 제국과 1천여 년 전의 고려 시대를 영화와 드라마를 통해 만나면서 짜릿한 감동을 느꼈습니다.

이처럼 우리가 오래전의 생활 모습을 생생하게 알 수 있는 것은 옛사람들이 남긴 유적과 유물, 그리고 기록 덕분입니다. 이런 것들이 발견되지 않았던 까마득한 옛날 일들은 오랫동안 비밀에 쌓여 있었지요.

그러나 많은 탐험가들이나 학자들 덕분에 역사의 수수께끼가 하나둘씩 풀리기 시작했습니다. 고대 도시들과 유적들이 발굴되었고, 왕들의 무덤도 발견되었지요. 왕들의 무덤에서는 진귀한 유물들이 나왔고, 지금은 오랫동안 풀리지 않았던 고대 문자의 뜻도 상당 부분 이해하게 되었습니다.

《세상을 바꾼 문명 이야기》는 오랜 탐험과 연구 끝에 밝혀

진 고대 문명과 고대 왕들의 무덤 이야기를 담고, 종교와 세계 문화에서 중요한 무대가 되었던 도시들도 소개했습니다.

이 책에서 다루지는 못했지만, 오랜 세월이 흐르면서 전쟁이나 개발 또는 자연재해로 파괴되거나 사라지는 문화유산이 많습니다.

그러나 모두 힘을 합해 이런 문화유산을 지켜 낸 경우도 있습니다. 이집트에 있는 누비아 유적은 1960년대에 아스완 댐 건설로 물속에 가라앉을 위기에 처했습니다. 그러자 유네스코를 중심으로 전 세계에서 이름난 고고학자, 건축가, 기술자 들이 모여들었지요. 누비아 유적 가운데 아부심벨 사원을 60미터 높은 지점으로 옮기는 데만도 50여 개 나라 사람들이 약 4년 동안이나 애를 썼답니다.

이처럼 선조들이 물려준 문화유산은 그 나라 사람들뿐 아니라 세계 모든 사람들의 귀중한 자산이기도 하답니다. 그럼 지금부터 놀라운 이야기들이 살아 숨 쉬고 있는 고대 문명과 인류의 위대한 문화유산을 찾아서 여행을 떠나볼까요?

햇살 따스한 봄날에

김윤정

| 차 례 |

머리말 - 세계 문명을 찾아 여행을 떠나 보아요 ● 2

1 문자와 숫자가 탄생하다

쐐기문자를 사용한 메소포타미아 문명 ● 10
나일 강의 선물, 이집트 문명 ● 14
계획 도시를 세운 인더스 문명 ● 18
갑골문자를 사용한 중국 문명 ● 22
수학과 천문학에 뛰어났던 마야 문명 ● 26
비밀의 도시로 사라진 잉카 문명 ● 30

2 다시 깨어난 왕의 무덤

왕의 무덤을 위해 쌓아 올린 피라미드 ● 38
투탕카멘왕의 무덤 ● 42
진시황제의 영혼을 지키는 군대. 병마용 갱 ● 46
황비를 위한 무덤 궁전 타지마할 ● 50

3 신을 위한 도시

힌두교의 중심 도시 바라나시 ● 58
석가모니가 깨달음을 얻은 성지 부다가야 ● 61
세 종교의 성지 예루살렘 ● 65
이슬람교 신자들의 마음의 고향 메카 ● 69

4 역사 도시와 유적지

아테나 여신의 도시 아테네 ● 76
모든 길은 로마로 통한다 ● 81
동서양 문화의 박물관 이스탄불 ● 85
비단길이 시작된 곳. 시안 ● 89
사막의 대화랑 둔황의 막고굴 ● 93
전설 속의 도읍 앙코르 유적 ● 96

알쏭달쏭 퀴즈 ● 100

1 문자와 숫자가 탄생하다

　사람들은 언제부터 농사를 짓기 시작했을까요? 그것은 1만 년 전쯤부터랍니다. 농사를 지으면서 직접 기르고 거둔 곡식을 잘 갈무리해 두었다가 필요할 때 먹으니, 끼니 걱정을 한결 덜게 되었지요. 이때부터 사람들은 한곳에 머물러 살게 되었답니다.

　농사를 지으려면 좋은 연장이 필요했습니다. 그래서 사람들은 자기가 만들고 싶은 모양대로 돌을 갈아 쓰기 시작했지요. 이 시대를 '간석기 시대'라고 하며, 다른 말로는 '신석기 시대'라고도 한답니다. 농사를 짓기 전인 신석기 시대 이전에는 돌을 바위에 깨뜨려 쓰거나, 뾰족한 돌을 주워 썼습니다. 이 시대를 '뗀석기 시대' 또는 '구석기 시대'라고 하지요.

　큰 강 기슭은 사람들이 살기에 좋습니다. 마실 물이나 농사에 쓸 물을 구하기 쉬우니까요. 게다가 강물이 흐르면서 기름진 흙까지 날라 와 농토를 살찌우거든요.

　하지만 강가에 사는 것이 마냥 좋은 것은 아니었습니다. 큰비가 내리면 강물이 넘쳐 순식간에 땅과 집들을 삼키기도 했으니까요. 그렇다고 기름진 땅을 버리고 다른 곳으로 갈 수도 없었습니다.

　그래서 고대 사람들은 물을 조절하는 꾀를 생각해 냈습니다. 강물이 넘치면 물이 빨리 빠져 나갈 수 있도록 수로

를 만들고. 비가 오지 않을 때를 대비해 물을 가두어 두기도 했답니다.

 농사를 잘 지으려면 씨 뿌리는 때와 수확하는 때를 잘 알아야 합니다. 적당한 시기를 아는 일은 매우 중요하답니다. 그래서 고대 사람들은 늘 해와 달을 살폈습니다. 해와 달이 변하는 모습을 보고 농사 시기를 결정했거든요. 그러다 나중에는 기록으로 남기려고 달력을 만들었답니다.

 차츰 농사짓는 땅이 넓어지자 사람들은 땅 주인을 가리기 위해 땅의 크기를 재고 넓이를 계산했습니다. 또. 생각을 전하려고 그림 문자도 만들었습니다. 그림 문자란 사람이나 물건. 혹은 동물의 모양을 간단하게 그림으로 그려서 뜻을 전하는 글자를 말하지요.

 세계에서 처음으로 문명이 발생한 곳은 메소포타미아입니다. 그리고 이집트 나일 강과 인도의 인더스 강. 중국 황허 강 유역에서도 훌륭한 문명이 꽃폈습니다. 이들의 앞선 문명은 세계 곳곳으로 퍼져 나갔지요. 서남아시아에서 발생한 메소포타미아 문명과 아프리카 북쪽에서 발생한 이집트 문명은 지중해 동쪽으로 퍼져 갔습니다. 인도에서 발생한 인더스 문명은 아시아와 인도네시아까지 전해졌습니다. 또. 중국 문명은 동아시아 곳곳으로 널리 퍼져 나갔지요. 우리나라도 중국 문명의 영향을 받았답니다.

쐐기문자를 사용한 메소포타미아 문명

메소포타미아 문명
시기 기원전 3500년~400년경
위치 티그리스 강과 유프라테스 강 사이, (현재 이라크 주변)
기후 기온차가 큰 폭넓은 기후
산업 농경 중심

서아시아에는 두 개의 큰 강이 있습니다. 티그리스 강과 유프라테스 강이지요. 그 사이에 기름진 평야가 펼쳐져 있었는데, 옛날에는 이곳을 '메소포타미아'라고 불렀습니다. 메소포타미아는 그리스어로 '강 사이의 땅'이라는 뜻입니다. 현재는 이라크, 터키 남부, 시리아, 이란으로 나누어져 있습니다.

기원전 3500년 무렵, 메소포타미아의 남쪽에는 수메르 사람들이 살고 있었습니다. 이곳에는 강 위쪽에서부터 기름진 흙이 떠내려와 농사가 아주 잘 되었지요.

하지만 살기 좋은 메소포타미아에도 걱정거리는 있었습니다. 해마다 큰비가 내려 강물이 넘쳤던 것입니다. 강물은 애써 일궈 놓은 밭과 집들을 순식간에 늪으로 만들어 버리곤 했지요. 사람들은 강물이 언제 넘칠지 몰라 늘 불안에 떨어야 했습니다. 수메르 사람들이 이 어려운 문제를 슬기롭게 해결하지 못했다면 메소포타미아 문명은 생겨날 수 없었을 것입니다.

수메르 사람들은 강물이 넘쳤을 때 물이 잘 빠질 수 있도록 배수 시설을 만들었습니다. 뿐만 아니라, 비가 거의 오지 않는 여름을 대비해서 물을 가두어 두는 저수지도 만들었답니다. 수메르 사람들은 수로를 만들어 강물을 경작지로 끌어왔습니다. 그래서 이곳에서는 보리와 밀이 다른 곳보다 잘 자랐지요. 강물에는 영양분이 풍부하게 들어 있어서, 빗물로만 곡식을 기르는 곳보다 농사가 잘 되었습니다.

수메르 사람들은 신이 우주를 만들었다고 믿었습니다. 그래서 모든 것이 신의 뜻이라고 생각했지요. 왕은 신을 대신하는 사람이었습니다.

수메르 사람들이 믿는 최고의 신은 '안'이었습니다. 그리고 안의 아들인 '엔릴'은 공기와 폭풍과 홍수의 신이었지요. 이 밖에도 땅의 여신, 물의 신, 사랑의 여신 등이 있었습니다.

이러한 수메르 신들은 모두 자신의 숫자를 가지고 있었습니다. 가장 높은 신인 안의 숫자는 60이었지요. 수메르 사람들은 수를 묶어서 셀 때 기본 수를 60으로 하는 60진법을 사용했습니다. 지금 우리가 한 시간을 60분으로 나누고, 1분을 60초로 나누는 것도 수메르 사람들의 60진법을 이용한 것입니다.

수메르 지역은 여러 개의 도시 국가들로 이루어져 있었습니다. 각각의 도시에는 그 도시를 지켜주는 신이 있었지요. 모든 도시 한가운데에는 높은 탑이 있고, 탑 위에는 신을 위한 신전이 있었습니다. 이것을 '지구라트'라고 불렀지요.

지구라트는 위로 올라갈수록 점점 작아지는 모양으로, 어떤 것은 높이가 100미터나 되는 것도 있었답니다. 메소포타미아의 도시 국가들은 기원전 3000년에서 500년 사이에 몇백 개나 되는 지구라트를 만들었습니다. 기독교 경전인 구약 성서에 나오는 바벨탑도 이 지구라트 가운데 하나였다는 설이 있지요. 지구라트는 세월이 지나며 거의 다 무너져 지금은 원래의 모습을 볼 수 없지만, 이라크 남부에 있는 '우르'에 지구라트가 남아 있습니다.

또, 수메르 사람들은 바퀴를 일찍부터 사용했습니다. 메소포타미아

유적에서 통나무를 둥글게 자른 전차용 바퀴가 발굴되었는데, 지금까지 발견된 것 중 가장 오래된 것이지요.

메소포타미아 유적은 서아시아의 넓은 지역에 두루 퍼져 있어 신비로운 고대 도시의 발자취를 찾아 볼 수 있습니다.

쐐기문자(설형문자)

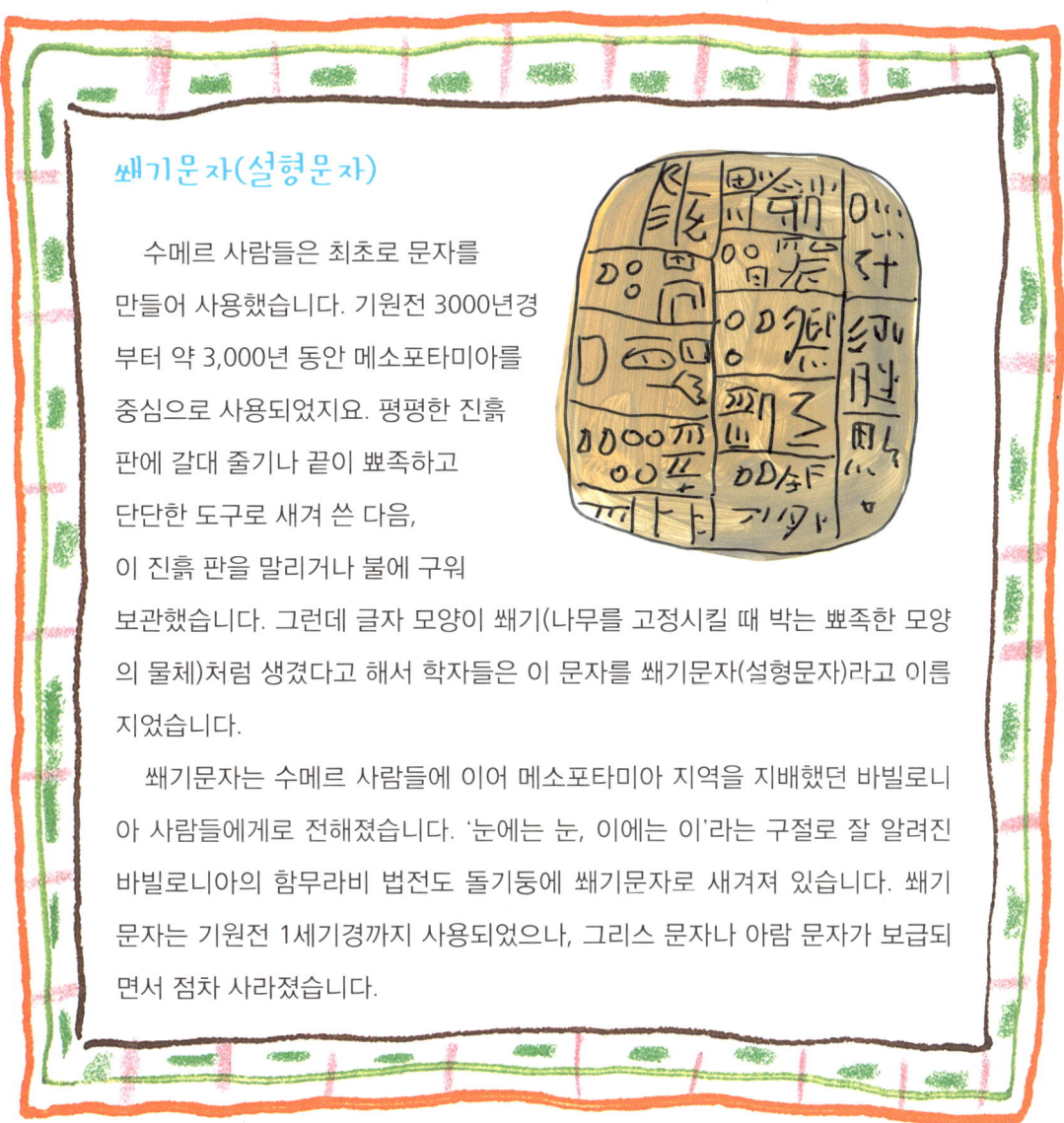

수메르 사람들은 최초로 문자를 만들어 사용했습니다. 기원전 3000년경부터 약 3,000년 동안 메소포타미아를 중심으로 사용되었지요. 평평한 진흙 판에 갈대 줄기나 끝이 뾰족하고 단단한 도구로 새겨 쓴 다음, 이 진흙 판을 말리거나 불에 구워 보관했습니다. 그런데 글자 모양이 쐐기(나무를 고정시킬 때 박는 뾰족한 모양의 물체)처럼 생겼다고 해서 학자들은 이 문자를 쐐기문자(설형문자)라고 이름 지었습니다.

쐐기문자는 수메르 사람들에 이어 메소포타미아 지역을 지배했던 바빌로니아 사람들에게로 전해졌습니다. '눈에는 눈, 이에는 이'라는 구절로 잘 알려진 바빌로니아의 함무라비 법전도 돌기둥에 쐐기문자로 새겨져 있습니다. 쐐기문자는 기원전 1세기경까지 사용되었으나, 그리스 문자나 아람 문자가 보급되면서 점차 사라졌습니다.

나일 강의 선물, 이집트 문명

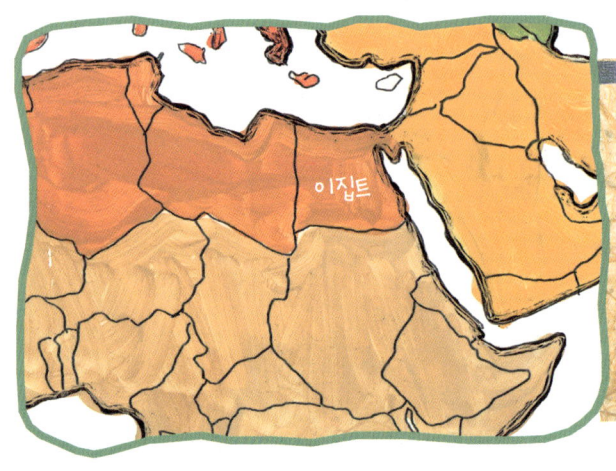

이집트 문명
시기 기원전 3000년~343년경
위치 나일 강 하류 유역, (현재 이집트 주변)
기후 건조 기후, 사막 지대
산업 농경 중심

이집트 하면 가장 먼저 생각나는 것이 무엇인가요? 아마 많은 사람들은 피라미드와 스핑크스를 떠올릴 것입니다. 그런데 이집트에서 피라미드만큼이나 유명한 것이 나일 강이지요. 나일 강은 이집트 사람들에게 없어서는 안 될 강입니다. 만약 나일 강이 없었다면, 아프리카의 다른 여러 나라들처럼 농사를 짓기가 힘들었을 것입니다. 그래서 이집트 사람들은 나일 강을 신이 내린 '축복의 강'이라 부르지요.

고대 이집트 사람들은 나일 강가에서 농사를 짓기 시작했습니다. 이곳의 땅은 비옥해서 해마다 풍년을 약속해 주었습니다. 이곳도 메소포타미아처럼 큰 비가 올 때면 강물이 넘치곤 했습니다. 하지만 이집트 사람들은 별을 보고 강이 넘쳐 흐르는 때를 미리 알아 대처했습니다. 밝은 흰 빛을 내는 큰 별 시리우스가 태양보다 먼저 동녘 하늘에 떠오를 무렵에 나일 강이 불어나곤 했기 때문입니다. 그래서 이집트 사람들은 그 별에게 '물 위의 별'이라는 이름을 붙이고, 나일 강이 넘쳐 흐르는 징표로 삼았습니다.

물이 넘치고 나면 나일 강 주변 땅에 있던 경계선이 모두 지워졌습니다. 그래서 이집트에서는 일찍부터 땅의 넓이와 길이를 재는 기술이 발달했습니다.

이집트는 사막과 바다, 그리고 험한 산맥으로 둘러싸여 있는 나라입니다. 그래서 고대 이집트 왕국은 2,000년 가까이 외부의 큰 침입 없이 평화롭게 살 수 있었지요.

고대 이집트 왕국은 크게 고왕국, 중왕국, 신왕국으로 나누어집니다. 기원전 3100년 무렵부터 시작되는 고왕국 시대에 왕의 힘이 가장 강했습니다. 그래서 왕의 무덤인 피라미드도 크게 지을 수 있었답니다.

이집트에는 여러 신들이 있었습니다. 그 가운데 가장 강한 신은 태양신 '라'입니다. 왕은 라의 아들로 여겨졌지요. 그리고 왕이 죽으면 '오시리스'라는 신과 하나가 된다고 생각했습니다. 오시리스는 저승과 나일 강을 다스리는 신입니다. 이집트에는 오시리스에 대해 다음과 같은 신화가 전해 내려오고 있습니다.

오시리스라는 아주 재능 있는 왕이 있었습니다. 백성들은 왕을 매우 존

파피루스

파피루스는 이집트의 나일 강 습지에서 자라는 갈대입니다. 고대 이집트 사람들은 파피루스 줄기를 잘라다가 바구니나 깔개, 배를 만들었고 종이를 만드는 데에도 사용했습니다.

고대 이집트 사람들이 파피루스로 종이를 만들던 방법은 지금까지도 이어져 오고 있습니다. 종이를 만들기 위해서는 먼저 파피루스 줄기의 껍질을 벗겨 내야 합니다. 그리고 줄기 속을 얇게 여러 겹으로 갈라 물에 담가 둡니다. 물에서 꺼낸 파피루스 조각들을 판자 위에 가로 방향으로 나란히 놓고, 그 위에 다시 세로 방향으로 나란히 놓습니다. 그리고 망치로 두드리거나 무거운 돌을 올려 놓으면 조각들 사이에서 끈끈한 액체가 나와 서로 달라붙습니다. 이것을 말리면 종이처럼 됩니다.

영어로 종이를 뜻하는 페이퍼(paper)는 파피루스(papyrus)에서 나온 말입니다. 고대 이집트 사람들은 파피루스로 만든 종이에 상형문자를 적었습니다.

경하고 따랐지요. 그러나 오시리스의 동생 세트는 욕심이 많아 형을 시기했습니다. 세트는 형을 죽이고 자기가 왕이 되려고 했지요. 결국 동생의 음모에 빠져 오시리스는 죽고 말았고. 오시리스의 시체는 미라로 만들어졌습니다. 그 뒤, 오시리스는 저승의 왕으로 되살아났습니다. 오시리스는 죽은 사람을 재판하면서 인간 세상의 왕을 보호하는 신이 되었답니다.

이 신화처럼 고대 이집트 사람들은 사람이 죽으면 저승에서 다시 살아난다고 믿었습니다. 그래서 영혼이 다시 자기 몸속으로 들어갈 수 있도록 시체를 미라로 만들었고. 무덤 속에는 살아 있을 때 사용했던 물건들을 함께 넣었습니다.

고왕국 시대에는 커다란 피라미드 속에 왕의 무덤을 만들었습니다. 그리고 중왕국부터는 커다란 바위에 동굴을 파서 지하 무덤을 만들었습니다. 이는 보물을 노리는 도굴꾼들의 눈을 피하기 위해서였지요. 또한 점점 왕의 힘이 약해져, 몇십 년이나 걸리는 피라미드를 세운다는 것이 어려웠기 때문입니다.

끊임없이 외적의 침입을 받아 고대 이집트 왕국은 사라졌지만. 몇천 년에 걸친 찬란한 문화는 서양 문화에 큰 영향을 미쳤습니다.

계획 도시를 만든 인더스 문명

인더스 문명
- **시기** 기원전 2500년~1700년경
- **위치** 인더스 강 유역 (현재 파키스탄과 인도 북서부 사이)
- **기후** 계절성 기후
- **산업** 농경과 목축

인더스 강은 히말라야 산맥에서 시작해서 펀자브 지방을 지나 아라비아 해에 이르는 큰 강입니다. 옛날 인더스 강가는 땅이 기름지고 물이 풍족했습니다.

기원전 2500년 무렵. 인더스 강을 따라 여러 도시들이 생겨났습니다. 이 가운데 가장 대표적인 도시가 현재 파키스탄에 있는 모헨조다로와 하라파입니다.

　하라파는 1921년 영국 고고학 탐사단이 발굴하였습니다. 그리고 1922년에는 '죽음의 산'이라 불리던 황폐한 언덕에서 모헨조다로 유적이 발굴되었지요. 두 도시의 모습은 거의 비슷했습니다. 이 도시들 말고도 많은 도시와 유적들이 발견되었지요. 이 도시들이 인더스 강을 따라 생겼기 때문에 여기서 꽃피웠던 문명을 인더스 문명이라고 합니다. 인더스 문명에서 놀라운 것은 계획을 가지고 도시를 만들었다는 점입니다. 모헨조다로와 하라파에는 서쪽 언덕에 성벽을 둘러친 성과 요새가 있었고, 낮고 넓은 동쪽에는 시민들이 살았던 벽돌집들이 있었습니다.

　시민들이 살았던 지역에는 바둑판처럼 질서정연한 길이 있었습니다. 동서와 남북으로 큰 길을 만들어 여러 채의 집들을 하나의 구역으로 묶어 놓았지요. 이 구역 안에는 좁은 골목길이 있는데, 이 골목길 쪽으로 집에 들어

가는 문이 있었습니다. 집들은 모두 가마로 구워 만든 벽돌로 지었는데, 크기만 다를 뿐 모양은 모두 같았습니다.

　모헨조다로에서 특히 눈에 띄는 것은 훌륭한 하수도 시설입니다. 집집마다 목욕탕, 부엌, 화장실에서 나오는 하수는 통로를 통해 하수도로 배출되었습니다. 지금도 하수도 시설이 잘 되어 있지 않은 나라가 많은 것을 생각하면 정말 놀라운 일이지요.

　요새가 세워진 언덕 위에는 대목욕탕, 회의장, 곡물 창고와 같은 공공시설이 있었습니다. 대목욕탕은 종교 집회를 갖기 전에 함께 몸을 씻었던 성스러운 장소였다고 합니다. 대목욕탕 바닥은 두 단으로 되어 있어, 한 단 높은 곳에서 옷을 벗고 입었던 것으로 보입니다.

　풍요롭던 고대 인더스 도시들은 기원전 1700년 무렵부터 힘이 약해지기 시작했습니다. 인더스 문명의 멸망 원인은 여러 가지로 추측됩니다. 홍수나 외부의 침략 때문이라고도 하고, 자연 환경이 바뀌었기 때문이라고도 합니다. 지금 인더스 강 주변은 거의 사막에 가깝습니다. 비의 양이 적어 아무 것도 자랄 수 없는 땅이 많지요.

고대 인더스 도시에서 발견된 도장

　고대 인더스 도시에서는 도장이 많이 발견되었습니다. 정사각형 모양인 도장에는 동물과 문자가 새겨져 있습니다. 또, 어떤 도장에는 신비스런 동물 모양이나 신의 모습인 듯한 인물상이 새겨져 있기도 하지요.

　도장에 새겨져 있는 문자의 뜻은 아직 밝혀내지 못했습니다. 그래서 도장이 무엇에 쓰였는지도 정확하게는 알 수 없지요.

　하지만 한 가지 쓰임새는 밝혀졌습니다. 물건을 사고팔 때마다 물건에 도장을 찍은 것입니다. 물건의 주인이 누구인지를 나타내기 위해 도장을 사용했을 것으로 짐작됩니다. 인더스에서 만들어진 도장들은 메소포타미아에서도 발견되었습니다. 이것으로 보아 다른 나라들과 물건을 사고파는 교역을 했다는 사실을 알 수 있지요.

갑골문자를 사용한 중국 문명

중국 문명

시기 기원전 3000년~1600년경
위치 중국 황허 강 중하류 지역
기후 다양한 기후, 비옥한 황토 지대
산업 농경 중심

큰 땅덩어리의 나라 중국을 이야기할 때 빼놓을 수 없는 것이 바로 황허 강입니다. 중국의 역사는 누렇게 용솟음치는 황허의 물줄기에서 시작되었으니까요. 이

거대한 물줄기에는 많은 사람들의 이야기가 숨어 있답니다.

황허는 티베트 고원의 끝자락에서 시작되어 중북부 지방을 지나 서해로 빠져나갑니다. 중국 북쪽의 토양은 대부분 황색입니다. 이 누런 흙 때문에 황허도 황색을 띠게 된 것이지요.

중국에는 '여와'라는 여신이 있었습니다. 여와가 중국의 북쪽 지방을 덮고 있는 누런 흙으로 사람을 빚었다고 전해지지요.

황허는 산시의 황토 지대를 지나 남쪽으로 계속 흘러갑니다. 흐르는 물에는 진흙이 많이 섞여 있는데, 이 때문에 황허에서 흘러내리는 흙과 모래가 쌓여 화북 평야가 생겼다고 합니다.

또, 해마다 여름철이면 중국의 북쪽에는 엄청나게 많은 비가 쏟아져 내립니다. 그러면 강물이 넘쳐 강 주변은 온통 진흙 수렁이 되곤 하지요. 그러나 이 기름진 흙 덕분에 농사는 잘된답니다.

전설에 따르면, 중국에 맨 처음 세워진 나라는 하나라였다고 합니다. 그렇지만 하나라가 실세로 있었던 나라인지는 아직 모릅니다.

하나라의 서울이 어디에 있었는지 알 수 없고, 구체적인 증거들이 발견되지 않았기 때문입니다.

그 다음에 나타난 나라가 기원전 1600년 무렵에 세워진 상나라입니다. (은나라로 불리기도 하지만, 학계에서는 대체로 상나라라는 이름을 씁니다.) 상나라 때에는 한자의 가장 오래된 형태인 갑골문자가 쓰였지요. 상나라 때 갑골문자가 있었다는 것은 청나라 말기의 학자였던 왕의영에 의해 우연히 밝혀졌습니다.

왕의영은 갑골(거북의 뱃가죽 뼈와 소의 어깨뼈)을 약재로 사용하다, 갑골에 처음 보는 문자들이 새겨져 있는 것을 발견했습니다. 왕의영은 이것이 고대 상나라의 문자라는 사실을 알아냈지요. 갑골 조각들이 발견된 하남성 안양현 소둔촌은 상나라의 수도였던 은허였습니다.

갑골은 나라의 중요한 일을 결정할 때마다 점을 치는 데 사용되었습니다. 갑골에 열을 가하면 여러 갈래로 갈라지게 되는데, 갈라진 모양을 보고 제사, 전쟁, 농사 등 중요한 일들을 점쳤던 것이지요.

은허 유적에서는 상나라의 왕비였던 부호의 무덤이 발굴되어 청동기, 상아 제품, 도자기 등 엄청난 유물들이 나왔습니다. 그리고 왕의 무덤인 커다란 지하 무덤도 발견되었지요. 지하 무덤 밑바닥에는 아홉 개의 구멍이 뚫려 있었고, 그 구멍들에는 창을 든 병사가 파묻혀 있었습니다. 왕이 죽은 뒤에도 왕을 지키기 위해 병사들을 함께 묻은 것이지요.

이렇게 무덤에 살아 있는 사람을 함께 넣는 풍습은 다른 고대 국가에서도 흔히 볼 수 있습니다. 이런 풍습은 나중에 살아 있는 사람 대신 흙으로 빚은 인형을 함께 넣는 것으로 바뀌게 되지요. 진시황제의 무덤과 가까운 곳에서 발견된 '병마용 갱'이 그 예입니다.

갑골문자의 발견

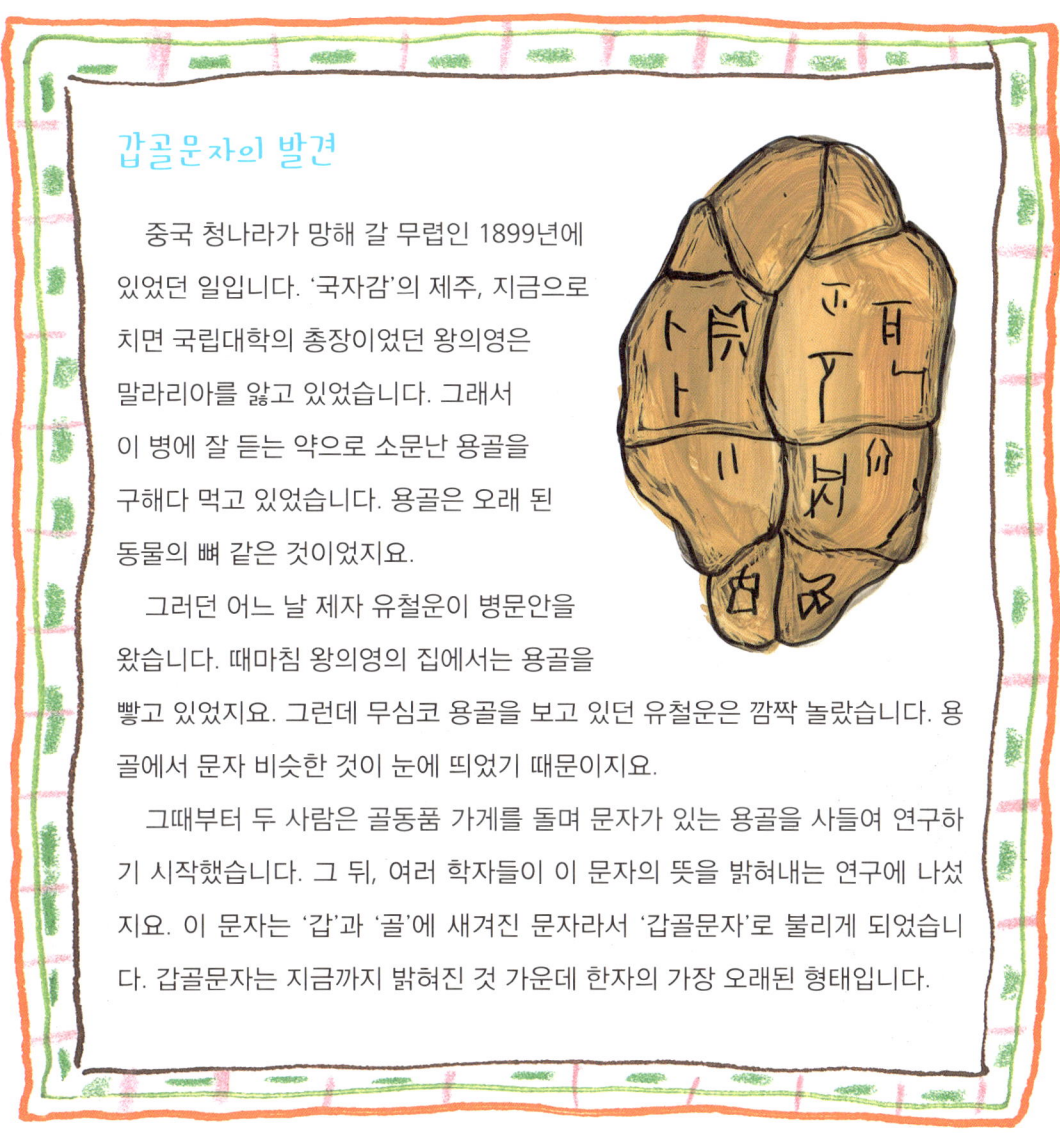

중국 청나라가 망해 갈 무렵인 1899년에 있었던 일입니다. '국자감'의 제주, 지금으로 치면 국립대학의 총장이었던 왕의영은 말라리아를 앓고 있었습니다. 그래서 이 병에 잘 듣는 약으로 소문난 용골을 구해다 먹고 있었습니다. 용골은 오래 된 동물의 뼈 같은 것이었지요.

그러던 어느 날 제자 유철운이 병문안을 왔습니다. 때마침 왕의영의 집에서는 용골을 빻고 있었지요. 그런데 무심코 용골을 보고 있던 유철운은 깜짝 놀랐습니다. 용골에서 문자 비슷한 것이 눈에 띄었기 때문이지요.

그때부터 두 사람은 골동품 가게를 돌며 문자가 있는 용골을 사들여 연구하기 시작했습니다. 그 뒤, 여러 학자들이 이 문자의 뜻을 밝혀내는 연구에 나섰지요. 이 문자는 '갑'과 '골'에 새겨진 문자라서 '갑골문자'로 불리게 되었습니다. 갑골문자는 지금까지 밝혀진 것 가운데 한자의 가장 오래된 형태입니다.

수학과 천문학에 뛰어났던 마야 문명

마야 문명
- **시기** 기원 전후~기원후 900년경
- **위치** 중앙아메리카 (현재 멕시코, 과테말라, 온두라스 주변)
- **기후** 고산 기후
- **산업** 농경 중심

중앙아메리카에 있는 멕시코 치첸이트사에는 '카라콜'이라는 마야 유적이 있습니다. 달팽이라는 뜻인 카라콜의 둥근 탑 안에는 꼬불꼬불한 계단이 있지요. 계단을 따라 올라가면 나오는 방에 작은 창문이 있는데, 이 창문으로 마야 사람들은 망원경 없이도 별을 관찰할 수 있었습니다.

마야 문명은 4~10세기에 전성기를 누렸으나, 여러 개의 도시 국가로 이루어져 있었던 마야의 도시들은 그 뒤 갑자기 힘이 약해지기 시작했습니다. 결국 수수께끼 같은 문자와 독특한 문화 유적을 남기고, 마야 문명은 역사 속으로 사라져 버렸습니다.

마야 문명의 유적은 중앙아메리카 여러 나라에 남아 있습니다. 과테말라의 티칼, 온두라스의 코판, 멕시코의 팔렌케, 툴룸, 욱스말, 치첸이트사 등이지요. 마야 사람들은 주로 농업에 종사했으며, 주요한 작물은 옥수수였습니다.

마야 문명에서 가장 놀라운 것은 수학과 천문학이 매우 발달했다는 점입니다. 마야 사람들은 별들이 움직이는 법칙을 꿰뚫고 있었습니다. 항상 별들을 관찰한 마야 사람늘은 이를 바탕으로 계절이 언제 바뀌는지, 비는 언제 많이 오는지를 미리 알 수 있었지요.

마야에서는 1년을 18개의 달로 나누었습니다. 한 달은 20일 주기였는데, 여기에 5일을 보충하는 날로 두었습니다. 그래서 1년을 365일로 정해 놓았지요.

멕시코 치첸이트사에 있는 엘 카스티요 피라미드(쿠쿨칸 피라미드)를 보면 마야의 천문학이 얼마나 발달했는지를 잘 알 수 있습니다. 엘 카스티요 피라미드 위에는 태양신을 위한 신전이 있습니다. 이 피라미드 네 면에는 각각 91개의 계단이 있어, 계단 수를 모두 합하면 364개가 됩니다. 그리고 신전의 제단까지 더하면 365개가 되어 1년 365일을 나타내고 있음을 알 수 있습니다.

해마다 밤낮의 길이가 같아지는 춘분과 추분 때에 엘 카스티요 피라미드에 가면 신기한 모습을 볼 수 있답니다. 해가 지기 전 피라미드 계단 난간에 그림자가 드리우면, 기다란 뱀 모습이 나타나거든요.

마야 사람들이 만든 피라미드에는 맨 윗부분에 신에게 제사를 지내던 신전이 있었습니다. 피라미드 한쪽 면에는 가파른 계단이 있어, 신관이 신에게 바칠 제물을 가지고 신전으로 올라갔다고 하지요.

멕시코 팔렌케에 있는 피라미드인 '비문의 신전' 속에는 또 다른 비밀이 숨겨져 있었습니다. 1949년의 일입니다. 멕시코 고고학자가 이 제단의 바닥에 있는 바위 하나에 돌 마개로 감추어진 손잡이가 붙어 있는 것을 발견했습니다. 마개를 뽑고 돌로 된 판을 들어 올리자, 지하로 이어지는 기다란 계단이 나타났습니다. 지하로 내려가자, 비밀의 방에 돌로 만든 관이 놓여 있었지요. 여기에는 7세기에 팔렌케를 지배했던 파칼왕이 잠들어 있었습니다. 비취로 만든 가면이 왕의 얼굴을 덮고 있었지요. 이 발견으로 신전으로만 여겨졌던 마야의 피라미드가 이집트에 있는 피라미드처럼 무덤으로도 쓰였다는 것을 알게 되었습니다.

마야 사람들은 그림으로 뜻을 나타내는 그림 문자를 썼습니다. 마야 문명이 남긴 피라미드와 궁전에는 그림 문자들이 돋을새김 되어 있지요.

마야 사람들은 나무껍질로 만든 종이로 책을 만들었는데. 그 모양은 지금 우리들이 읽는 책과 달랐습니다. 종이를 길게 연결하여 마치 아코디언처럼 접힌 모양이었다고 합니다. 하지만 마야 사람들의 책은 거의 남아 있지 않습니다. 16세기에 이곳을 침략했던 스페인 사람들이 마야의 문서들을 태워 버렸기 때문입니다.

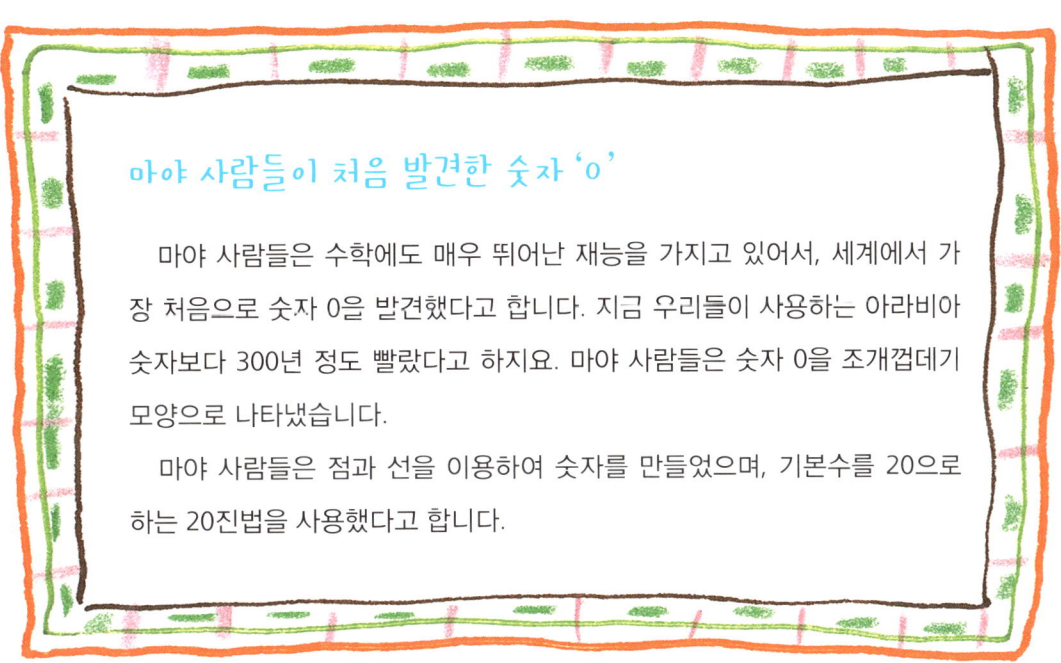

마야 사람들이 처음 발견한 숫자 '0'

마야 사람들은 수학에도 매우 뛰어난 재능을 가지고 있어서, 세계에서 가장 처음으로 숫자 0을 발견했다고 합니다. 지금 우리들이 사용하는 아라비아 숫자보다 300년 정도 빨랐다고 하지요. 마야 사람들은 숫자 0을 조개껍데기 모양으로 나타냈습니다.

마야 사람들은 점과 선을 이용하여 숫자를 만들었으며, 기본수를 20으로 하는 20진법을 사용했다고 합니다.

비밀의 도시로 사라진 잉카 문명

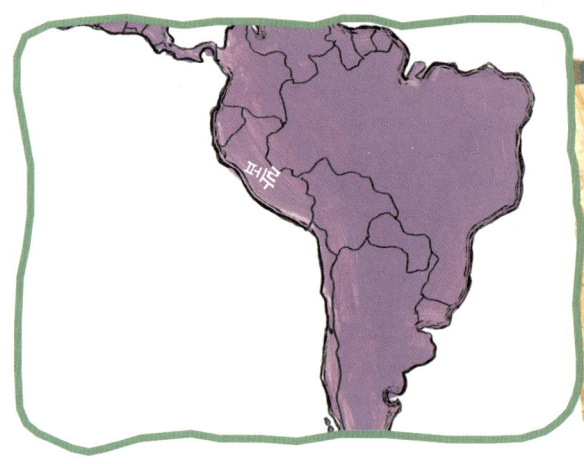

잉카 문명
시기 기원후 1400~1500년대 중엽
위치 남아메리카의 중앙 안데스 지역 (현재 페루 남부)
기후 다양한 기후
산업 농경 중심

　남아메리카에는 한때 화려한 영광을 누렸던 옛 잉카 제국의 도시들이 있습니다. 전해지는 건국 신화에 따르면, 13세기에 잉카 제국 최초의 황제 망코카팍이 지금의 페루에 위치했던 쿠스코에 나라를 세웠다고 합니다. 하지만 쿠스코가 잉카 제국의 수도로 모습을 갖추게 된 것은 15세기 파차쿠티왕 때라고 합니다. 그 뒤 잉카 제국은 점차 세력을 넓히며, 중앙 안데스에서 가장 강한 나라가 되었습니다. 북쪽의 에콰도르부터 남쪽의 칠레 중부까지 손에 넣었지요.

　남아메리카에는 온도가 높고 비가 적게 오는 곳이 많습니다. 하지만 안데스 산맥에 있는 봉우리들은 온도가 낮고 비도 많이 와서 사람이 살기에 좋아. 이곳에서 잉카 문명이 꽃필 수 있었습니다.

잉카 사람들은 태양신을 믿었습니다. 해마다 6월이 되면 아메리카 낙타인 라마와 옥수수, 치차술을 차려 놓고 신에게 제사를 지냈지요.

잉카 사람들은 산허리를 계단식으로 깎아 밭을 만들었습니다. 밭에는 옥수수, 감자, 고구마 등을 심었지요. 지금도 안데스 산맥에 사는 사람들에게 옥수수와 감자는 중요한 식량이랍니다.

잉카의 옛 도시에 가보면 건물을 탄탄히 지어 놓은 솜씨에 놀라지 않을 수 없습니다. 돌로 만든 벽들은 틈새에 바늘 하나 끼우기 어려울 정도로 촘촘하지요. 페루에는 지진이 자주 일어납니다. 그런데 잉카 시대에 지은 돌로 만든 벽들은 지금도 끄떡없답니다.

하지만 강한 나라를 건설했던 잉카 제국은 16세기 초 스페인 군대에게 힘없이 쓰러지고 말았습니다. 스페인 군에 저항했던 잉카 사람들은 안데스 산맥 높은 봉우리 사이사이에 있는 도시에 모여 숨어 지냈다고 하지요.

스페인 군인들은 잉카 사람들이 숨어 있는 곳에 황금이 많을 것이라고 생각했습니다. 잉카 사람들이 여러 가지 장신구를 금으로 만들었을 뿐만 아니라, 도시의 광장에는 황금으로 만든 동물 조각들이 있었기 때문입니다. 스페인 군인들은 황금을 찾기 위해 잉카의 도시를 찾아 나섰으나, 끝내

찾을 수 없었지요.

　마추픽추도 스페인 군인들이 찾아내지 못한 도시들 가운데 하나입니다. 그러다가 약 100년 전에 미국 고고학자 히람 빙엄이 발견했지요.

　해발 2,400미터에 있는 마추픽추는 봉우리와 봉우리 사이에 있습니다. 그래서 말 안장처럼 움푹 파인 모양을 하고 있지요. 이 비밀의 도시는 궁전과 신전, 계단식 밭, 수로시설까지 갖추고 있습니다. 이곳의 크기로 보아 1만 명 정도가 살았을 것으로 추정됩니다.

　마추픽추는 어떻게 건설된 도시일까요? 여기에 살던 사람들은 어디로 사라진 것일까요? 마추픽추는 아직도 풀리지 않는 수수께끼입니다.

안타깝게도 잉카 문명은 다음 세대에 제대로 전해지지 못했습니다. 문자가 없었기 때문이지요. 이들에게는 줄에 매듭을 지어 뜻을 표시하는 원시적인 전달 방법이 있었을 뿐입니다. 문자가 있었다면 잉카 문명의 우수성이 더 많이 알려졌을 텐데 말이지요.

잉카 제국의 황제 아타왈파

1532년, 스페인 장군 피사로가 잉카 제국에 왔을 때 황제는 아타왈파였습니다. 피사로 군대는 300명이 안 되는 적은 수였지만, 잉카 제국을 쓰러뜨리기 위해 황제를 산 채로 사로잡을 계획을 세웠습니다.

황제는 아무 것도 모른 채 군대의 일부만 데리고 약속 장소인 광장에 나타났습니다. 피사로 군대는 황제를 집중 공격하여 사로잡았습니다. 잉카 사람들은 갑자기 황제가 포로가 되자 당황했습니다. 더구나 처음 보는 말과 총 소리에 놀라 우왕좌왕하다가 몇천 명이나 죽었다고 합니다.

아타왈파 황제는 피사로에게 자신을 풀어 주는 대가로 갇혀 있던 방을 황금으로 한 번, 은으로 두 번 채워주겠다고 약속했습니다. 그러나 스페인 군인들은 금과 은이 어느 정도 모이면 이를 조금씩 빼돌렸습니다. 결국 황제는 포로가 된 지 8개월여 만에 죽고 말았습니다. 그 뒤 40년 동안 잉카 사람들은 스페인 군에 저항했습니다. 하지만 잉카 제국의 마지막 황제 투팍 아마루도 결국 스페인 군대에게 처형되고 말았지요. 1572년, 이렇게 잉카 제국은 역사 속으로 사라지고 말았습니다.

2 다시 깨어난 왕의 무덤

너무나 신기해서 알 수 없는 일을 가리켜 불가사의라 합니다. 세상에는 불가사의한 일들이 많지요.

그 중에서 가장 대표적인 것이 고대 이집트 왕의 무덤인 피라미드입니다. 하늘을 찌를 듯 높이 솟아 있는 피라미드 앞에 서면 누구나 엄청난 크기에 깜짝 놀라게 되지요. 하나에 250톤이나 되는 무거운 돌들을 어떻게 기계도 쓰지 않고 차곡차곡 쌓아 올릴 수 있었을까요? 정말 신기하기만 합니다.

이처럼 세계 여러 나라에는 고대 사람들이 만들어 놓은 무덤들이 중요한 문화유산으로 남아 있습니다.

중국에서는 진시황제의 무덤이 아직도 수수께끼에 싸여 있습니다. 진시황릉은 38년 동안 70만 명이 넘는 사람들이 만들었다고 하지요. 중국 역사책에 따르면 진시황릉의 봉분 아래에 지하 궁전이 있고, 이곳에는 어마어마한 보물이 있다고 합니다. 하지만 유물을 훼손시킬 염려가 있어 아직 발굴을 하지 못하고 있지요.

그런데 진시황제의 무덤에서 얼마 떨어지지 않은 곳에서 우연히 무덤을 지키는 흙으로 빚은 병사들이 발견되었습니다. 몇천 명이나 되는 병사들의 모습은 세계를 놀라게 했지요.

고대 사람들이 무덤을 만드는 데 이렇게 많은 노력을

들인 것은 사람이 죽으면 또 다른 세계가 시작된다고 믿었기 때문입니다.

또, 왕의 힘이 강해서 많은 사람들이 몇십 년이나 걸려서 만들 수 있는 엄청난 크기의 무덤을 지을 수 있었지요.

무덤 속에는 죽은 다음에도 사용할 수 있도록 물건들과 값진 보물들을 넣었습니다. 보물들을 도둑 맞지 않기 위해 무덤으로 들어가는 문을 찾을 수 없게 하거나, 장애물 같은 것을 설치하기도 했지요.

그러나 고대 이집트 왕들의 무덤 속 유물들은 대부분 도굴되고 말았습니다. 이 중에서 투탕카멘왕의 무덤은 용케 도굴을 피했습니다. 이 무덤 속에서는 약 3,400년 동안 잠들어 있던 투탕카멘의 미라를 비롯해 온갖 진귀한 유물들이 발견되어 화려했던 이집트 문명을 엿볼 수 있게 되었습니다. 그리고 그 덕분에 후세 사람들은 몇천 년 전에 조상들이 만든 위대한 문화유산을 가지게 되었지요.

우리나라에도 값진 문화유산이 된 무덤들이 있습니다. 조선 시대 왕과 왕비 들이 잠들어 있는 조선 왕릉이 그것이지요. 500년이 넘는 조선 왕조의 왕과 왕비들의 무덤이 모두 남아 있는 조선 왕릉은 세계적으로 가치를 인정 받아, 2009년에 유네스코(국제연합 교육과학문화기구) 세계유산에 등재되었습니다.

왕의 무덤을 위해 쌓아 올린 피라미드

이집트의 수도 카이로에서 서쪽으로 13킬로미터 떨어진 곳에 기자의 모래 언덕이 있습니다. 이곳에는 세 개의 커다란 피라미드가 서 있습니다. 이곳에 있는 피라미드들은 고대 이집트를 지배했던 쿠푸왕, 카프라왕, 멘카우레왕의 무덤이지요.

세 피라미드 가운데 가장 큰 것은 쿠푸왕의 피라미드입니다. 높이가 137미터로 27층짜리 건물만 하지요. 원래 높이는 이보다 더 높은 147미터 정도였다고 합니다. 하지만 오랜 세월이 지나는 동안 꼭대기를 마감한 돌이 떨어져 나가 낮아진 것이지요.

약 4,500년 전에 만들어진 쿠푸왕 피라미드를 보면 고대 이집트 사람들의 건축 기술이 얼마나 뛰어났었는지 알 수 있습니다.

쿠푸왕 피라미드
건설 시기 기원전 2560년경
무덤 위치 이집트 기자 지역
무덤 주인 쿠푸왕
지역·기후 사막 지대

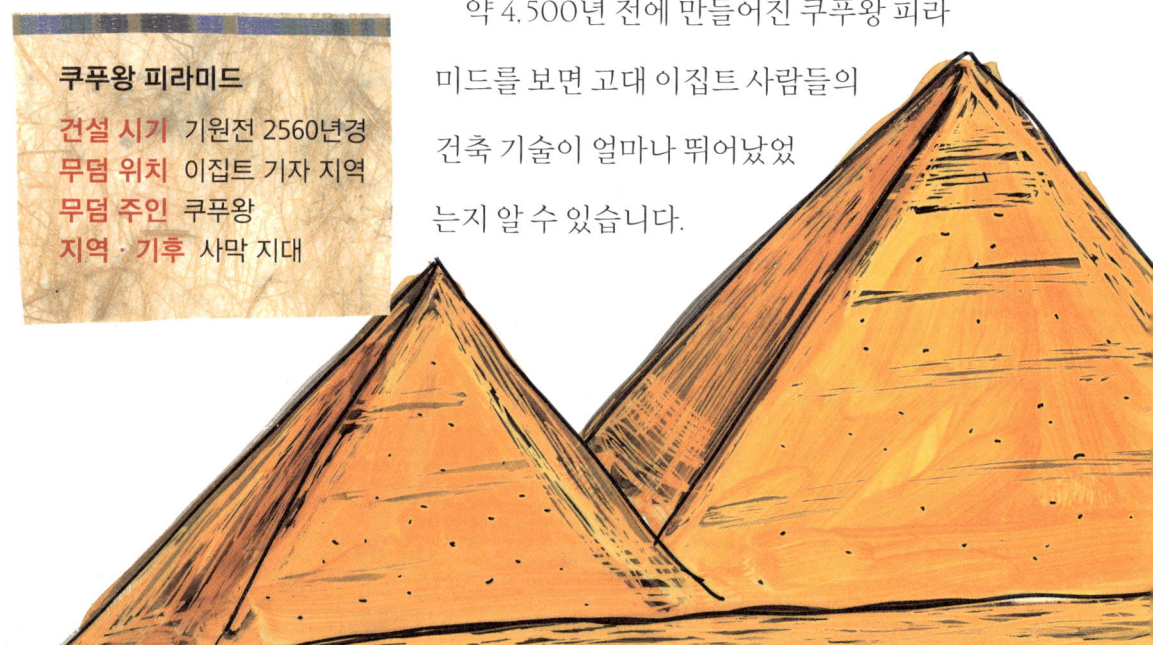

이 피라미드는 네 밑변의 길이가 각각 230미터이고, 건설에 쓰인 돌 한 개의 무게는 자그마치 2,500킬로그램이나 됩니다. 이런 돌들을 230만 개나 쌓아 올려 만든 것이지요. 이렇게 돌의 크기가 큰데도 바늘 한 개 들어갈 틈도 거의 없을 정도로 촘촘합니다.

고대 이집트 사람들은 이렇게 커다란 피라미드를 어떻게 만들었을까요? 돌을 자르는 기계나, 무거운 물건을 들어 올리는 기중기도 없었던 시대에 말이지요. 고대 이집트 사람들은 자연을 슬기롭게 이용하는 방법을 알고 있었습니다. 그래서 돌과 나무와 구리와 물만으로도 세계에서 가장 크고 훌륭한 건축물을 만들 수 있었던 것이지요.

피라미드는 나일 강이 넘쳐 농사일을 할 수 없는 석 달 동안 집중적으로 만들었다고 합니다. 피라미드에 쓸 돌을 얻기 위해서 채석장에 있는 커다란 바위에 깊은 구멍을 냈습니다. 그리고 구멍 안에 단단한 나무로 만든 쐐기를 박고 물을 부었습니다. 물에 젖은 나무는 부피가 늘어나면서 커다란 바위를 쪼개 놓았지요.

고대 이집트 사람들은 채석장에서 자른 돌을 배에 실어, 여름이면 강물이 넘치는 나일 강을 따라 피라미드가 들어설 곳까지 날랐습니다. 이렇게 날라온 돌들을

수레도 없이 경사진 길을 따라 운반했습니다. 그리고 지렛대와 굴림대, 굵은 줄을 이용해 돌들을 차곡차곡 쌓아 올려 피라미드를 완성했습니다.

이렇게 수많은 사람들이 힘을 합쳐 만든 쿠푸왕 피라미드에는 좀처럼 풀기 힘든 수수께끼들이 곳곳에 남아 있습니다. 특히 피라미드 자체가 커다란 나침반이라는 사실이 정말 놀랍습니다. 피라미드의 꼭지점을 향해 올라가는 네 개의 각 능선은 나침반처럼 거의 정확하게 동서남북을 가리키고 있답니다.

또한 해의 위치와 길이에 따라 피라미드가 땅에 드리우는 그림자를 잘 관찰하면 시간과 날짜와 계절을 알 수 있습니다. 이집트 사람들은 세계에서 가장 큰 해시계를 가지고 있었던 셈이지요.

쿠푸왕 피라미드 안에는 대회랑, 왕의 방, 왕비의 방과 여러 통로들이 있습니다. 하지만 쿠푸왕 피라미드 안에 있던

유물들은 9세기에 도굴되고 말았지요.

　쿠푸왕 피라미드와 함께 서 있는 카프라왕 피라미드는 높이가 136미터입니다. 쿠푸왕 피라미드보다 작지만, 약간 높은 곳에 위치하고 있어 가장 커 보이지요.

　카프라왕 피라미드 앞에는 스핑크스가 있습니다. 스핑크스는 피라미드를 지켜주는 수호신이지요. 얼굴은 카프라왕의 모습을, 몸은 사자 모습을 하고 있으며 높이는 20미터나 됩니다.

스핑크스 이야기

　다음은 그리스 신화에 나오는 스핑크스 이야기입니다.

　먼 옛날 일입니다. 스핑크스는 지나가는 사람들에게 늘 똑같은 수수께끼를 냈습니다. 스핑크스는 수수께끼를 풀지 못하는 사람들을 모두 잡아먹었습니다.

　어느 날, 오이디푸스라는 용감한 젊은이가 스핑크스 앞을 지나가게 되었습니다. 스핑크스는 이번에도 똑같은 수수께끼를 냈습니다. "아침에는 네 다리로, 낮에는 두 다리로, 밤에는 세 다리로 걷는 짐승이 무엇이냐?"

　그러자 오이디푸스는 "그것은 사람이다. 사람은 어렸을 때 네 다리로 기고 자라서는 두 발로 걷고, 늙어서는 지팡이를 짚어 세 다리로 걷기 때문이다."라고 대답했습니다. 스핑크스가 아무도 풀지 못하리라고 생각했던 문제가 드디어 풀린 것입니다. 스핑크스는 실망한 나머지 바다로 몸을 던져 죽었다고 합니다.

투탕카멘왕의 무덤

이집트 룩소르에는 '왕가의 골짜기'라고 불리는 곳이 있습니다. 룩소르는 고대 이집트 중왕국과 신왕국 시대에 수도가 있었던 테베 남부 지역에 붙여진 이름이지요.

왕가의 골짜기는 나일 강 서쪽에 자리 잡고 있습니다. 태양이 지는 방향인 나일 강 서쪽은 옛날부터 '죽은 사람들의 도시'라고 불렸습니다. 왕가의 골짜기는 이집트 왕들의 지하 무덤들이 있는 곳이지요.

고대 이집트 초기에는 왕의 무덤을 거대한 피라미드로 만들었습니다. 하지만 무덤 속에 든 보물들을 도둑맞을 위험이 컸지요. 그래서 훤히 보이는 피라미드 대신 도둑맞을 염려가 적은 단단한 바위를 파고 지하 무덤을 만들게 되었습니다. 피라미드를 쌓을 만큼 왕의 힘이 강하지 못했던 것도 한 이유입니다.

하지만 지하 무덤도 안전하지 못하기는 마찬가지였습니다. 왕가의 골짜기에 있는 64개 무덤들 대부분이 값진 보물들을 도둑맞았으니까요.

그런데 용케 도굴꾼들의 손을 피한 무덤이 있습니다. 바로 투탕카멘왕

의 무덤입니다.

1922년, 영국의 고고학자인 카터와 후원자인 카너본 경은 투탕카멘왕의 무덤을 발견했습니다.

무덤 속에 있던 방들에서 수많은 유물들과 진귀한 보석, 포도주가 담긴 주전자와 음식도 발견했지요. 투탕카멘은 이집트 제18왕조의 파라오로, 기원전 1361년에서 1352년까지 통치했습니다. 파라오는 고대 이집트에서 정치와 종교의 최고 통치자를 나타내는 말입니다

투탕카멘의 관은 벽화로 장식한 방 안에 있었습니다. 금을 입힌 4중으로 된 나무관함 안에 석관이 있고, 또 그 안에 3중으로 된 길이 1.8미터의 인형

투탕카멘왕의 무덤

건설 시기 기원전 1350년경
무덤 위치 이집트 기자 지역
무덤 주인 투탕카멘왕
지역·기후 사막 지대

관이 있었습니다. 가장 안쪽에 있는 것이 황금으로 된 인형 관입니다. 이것을 열자 황금 가면으로 얼굴을 가린 미라가 누워 있었습니다.

투탕카멘의 무덤에서는 아름답고 진귀한 보물들이 3,500여 점이나 나왔습니다. 황금 마스크, 전차, 사자 머리 장식을 한 침대, 왕의 옥좌 같은 어마어마한 유물들을 기록하고 안전하게 무덤 밖으로 꺼내는 데에만 8년이 걸렸다고 합니다. 지금 이 유물들은 카이로 고고학 박물관에 전시되어 있습니다.

투탕카멘은 아홉 살이라는 어린 나이에 왕이 되어 열여덟 살에 세상을 떠난 가엾은 왕입니다. 투탕카멘은 힘이 약한 왕이었기 때문에 다른 왕에 비해 무덤도 작게 만들었습니다. 그런데도 화려한 보물들과 진귀한 무덤 장식들이 나와 사람들을 깜짝 놀라게 했지요.

투탕카멘의 무덤에는 고대 이집트 사람들이 가지고 있던 사후 세계에 대한 믿음이 잘 나타나 있습니다.

고대 이집트 사람들은 사람이 죽으면 저승을 다스리는 신인 오시리스의 심판을 받는다고 생각했습니다. 그리고 죽은 사람이 죄가 없으면 부활하여 자기 몸으로 영혼이 다시 찾아온다고 믿었지요. 이때, 부활한 영혼은 자신의 머리를 보고 몸으로 들어갈 수 있다고 여겼습니다. 그래서 미라의 머리에는 죽은 사람의 얼굴 모습을 한 가면을 씌어 놓았지요. 투탕카멘왕의 황금 가면도 투탕카멘의 모습을 본떠 만든 것입니다.

고대 이집트 사람들은 영혼이 다시 찾아오는 몸이 썩지 않도록 미라를 만들었습니다. 미라를 만들기 위해서는 먼저 뇌와 내장을 빼내고, 시체 안은 소금과 여러 가지 향료로 채워야 합니다. 그런 다음 시체를 방부제 속에 오래 담가 두었다가, 기름에 적신 천으로 온 몸을 감싸고 관에 넣었습니다. 투탕카멘왕의 미라도 이렇게 만들어져 약 3,400년이 지난 지금까지도 보존될 수 있었습니다.

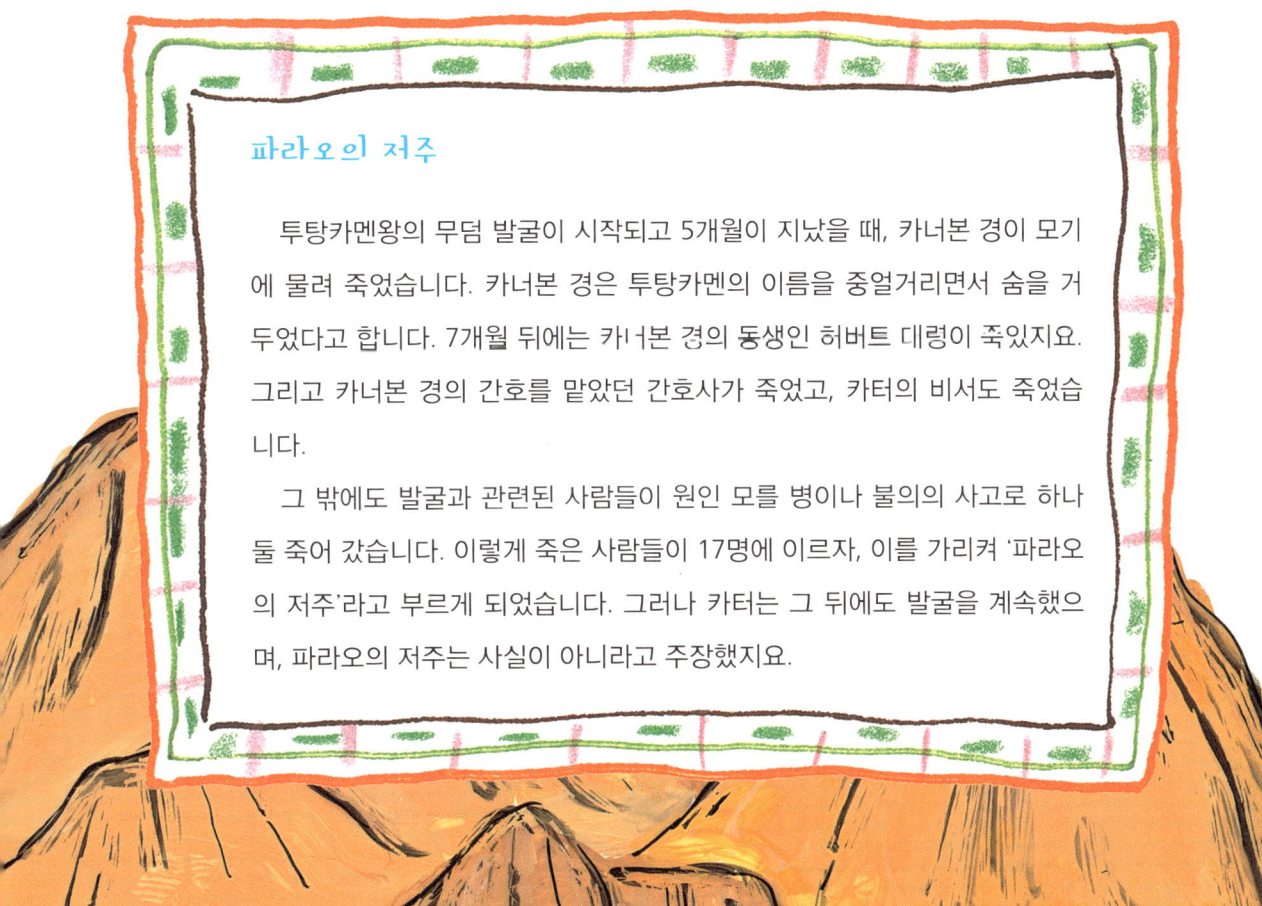

파라오의 저주

투탕카멘왕의 무덤 발굴이 시작되고 5개월이 지났을 때, 카너본 경이 모기에 물려 죽었습니다. 카너본 경은 투탕카멘의 이름을 중얼거리면서 숨을 거두었다고 합니다. 7개월 뒤에는 카너본 경의 동생인 허버트 대령이 죽있지요. 그리고 카너본 경의 간호를 맡았던 간호사가 죽었고, 카터의 비서도 죽었습니다.

그 밖에도 발굴과 관련된 사람들이 원인 모를 병이나 불의의 사고로 하나 둘 죽어 갔습니다. 이렇게 죽은 사람들이 17명에 이르자, 이를 가리켜 '파라오의 저주'라고 부르게 되었습니다. 그러나 카터는 그 뒤에도 발굴을 계속했으며, 파라오의 저주는 사실이 아니라고 주장했지요.

진시황제의 영혼을 지키는 군대, 병마용 갱

중국 시안성의 어느 지역에 이름 없는 무덤들이 곳곳에 흩어져 있는 쓸쓸한 마을이 있었습니다. 그런데 이곳에는 이상한 전설이 전해 내려오고 있었지요. 화가 나면 우물을 전부 마셔서 말려 버리는 도깨비가 살고 있다는 것이었습니다.

1974년 3월의 어느 날이었습니다. 농부들이 새 우물을 파 내려가고 있는데, 삽 끝에 이상한 물건들이 걸려 나왔지요. 사람들은 도깨비가 쓰던 물건이 아닌가 하여 깜짝 놀랐습니다. 이곳에서 발견된 것은 실제 사람과 같은 크기의 흙으로 빚은 병사들이었습니다.

그 뒤, 산시성 고고학 발굴단이 '병마용 갱'을 발굴했습니다. 병마용 갱이란 병사와 말의 모형을 늘어놓은 커다란 굴을 말하지요. 그 뒤로 2호 갱과 3호 갱이 발굴되었고, 지금도 발굴은 계속되고 있습니다.

이 가운데 1호 갱이 길이 230미터, 너비 62미터로 가장 큽니다. 1호 갱에서만 흙으로 빚은 병사 6,000여 점이 발굴되었습니다. 병사들이 줄을 맞춰 서 있는 모습은 마치 적군이 쳐들어오면 언제든지 싸울 준비가 되어 있

병마용 갱

건설 시기 기원전 208년경
무덤 위치 중국 시안성
무덤 주인 진시황제
지역·기후 건조 기후

는 듯 늠름했지요.

흙으로 빚은 병사들은 175~195센티미터 정도로 건장한 체격에 얼굴 생김새도 모두 다르게 생겼습니다. 병사들이 처음 발굴되었을 때에는 색이 입혀져 있었는데, 햇빛을 받자 몇 시간 만에 색이 바래 버렸다고 합니다.

병마용 갱의 병사들은 실제 병사들처럼 지위와 맡은 임무에 따라 장관, 무관, 갑사, 궁수, 기병 등으로 나누어집니다. 이 병사들을 통해 약 2,200년 전의 전투 모습을 짐작할 수 있게 되었지요. 뿐만 아니라 병사들이 하고 있는 머리 모양과 옷, 신발, 생김새도 모두 귀중한 연구 자료가 되고 있습니다.

병마용 갱에서는 말 500여 필, 전차 130여 대도 함께 발견되었습니다. 병사들과 함께 서 있는 말들은 모두 머리 부분이 단정하고, 등 근육이 튼튼

하며, 네 다리는 힘차고, 눈은 반짝이는 명마의 모습을 하고 있지요.

그런데 이 늠름한 지하 병사들은 무엇을 지키고 있었을까요? 발굴단은 병마용 갱에서 진시황제 시대에 만들어진 중국 고대 무기를 발견했습니다. 그래서 이들이 진시황제의 무덤인 진시황릉을 지키는 병사들이라는 사실이 밝혀지게 되었지요.

병마용 갱이 발견된 곳에는 진시황제 병마용 박물관이 세워졌습니다. 그리고 병마용 갱은 지붕을 덮어 보존하고 있지요.

진시황릉(여산릉)은 병마용 갱에서 1,500미터 떨어진 곳에 있습니다. 진시황제(기원전 259년~210년)가 잠들어 있는 곳이지요.

진시황릉은 무덤이라기보다는 작은 언덕처럼 보일 정도로 크기가 큽니다. 무덤의 봉분 꼭대기까지 계단이 나 있어, 이 계단을 오르는 데 약 15분 정도 걸리지요. 진시황릉 안에는 엄청난 보물들이 있을 것으로 알려져 있지만. 아직까지 발굴되지 않고 있습니다.

　진시황제는 여러 국가로 갈라져 있던 중국을 통일한 최초의 황제였습니다. 지방마다 달랐던 화폐와 문자, 도량형을 통일했지요. 그러나 백성들에게는 좋은 평판을 얻지 못한 황제로 알려져 있습니다. 만리장성과 진시황릉 같은 큰 공사를 하면서 백성들에게 강제로 일을 시켰으니까요. 진시황제가 죽자 진나라는 결국 망하고 말았지요.

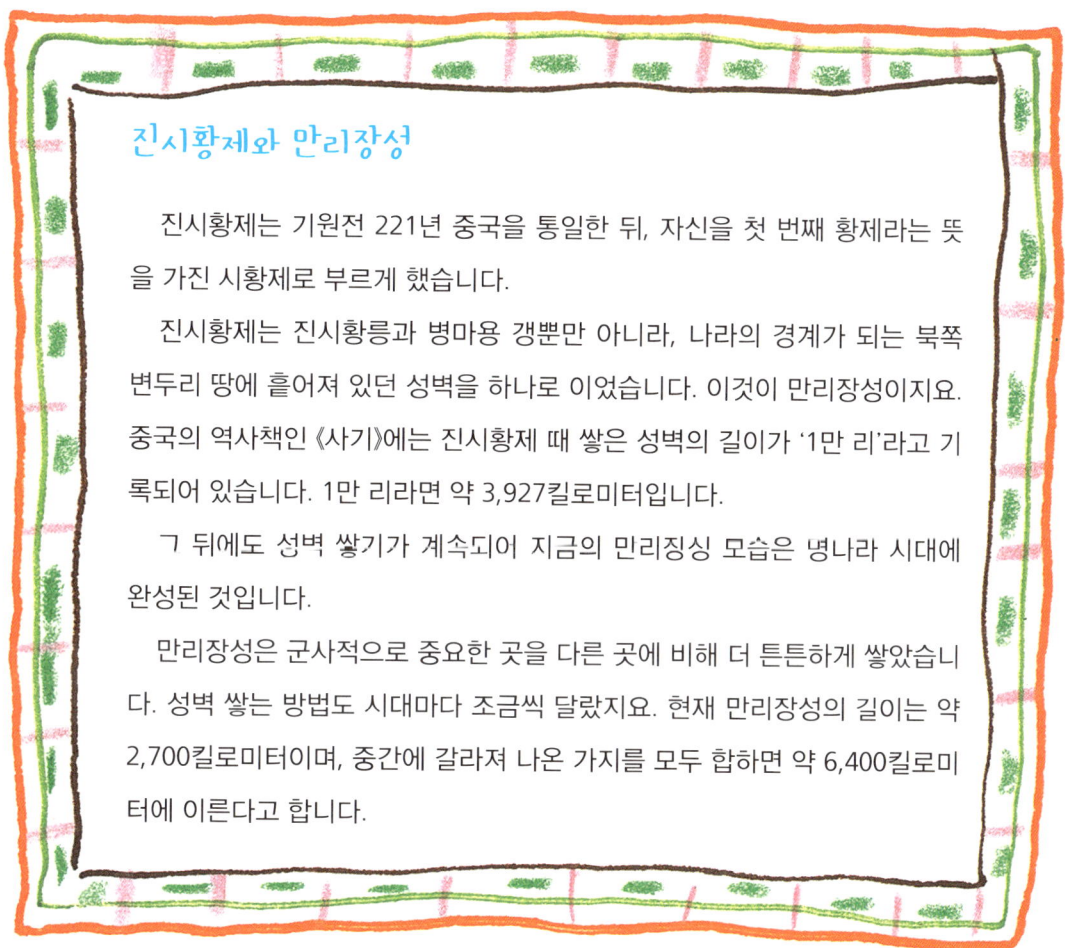

진시황제와 만리장성

　진시황제는 기원전 221년 중국을 통일한 뒤, 자신을 첫 번째 황제라는 뜻을 가진 시황제로 부르게 했습니다.

　진시황제는 진시황릉과 병마용 갱뿐만 아니라, 나라의 경계가 되는 북쪽 변두리 땅에 흩어져 있던 성벽을 하나로 이었습니다. 이것이 만리장성이지요. 중국의 역사책인 《사기》에는 진시황제 때 쌓은 성벽의 길이가 '1만 리'라고 기록되어 있습니다. 1만 리라면 약 3,927킬로미터입니다.

　그 뒤에도 성벽 쌓기가 계속되어 지금의 만리장싱 모습은 몡나라 시대에 완성된 것입니다.

　만리장성은 군사적으로 중요한 곳을 다른 곳에 비해 더 튼튼하게 쌓았습니다. 성벽 쌓는 방법도 시대마다 조금씩 달랐지요. 현재 만리장성의 길이는 약 2,700킬로미터이며, 중간에 갈라져 나온 가지를 모두 합하면 약 6,400킬로미터에 이른다고 합니다.

황비를 위한 무덤 궁전 타지마할

지금으로부터 약 400년 전 인도에서 있었던 일입니다. 무굴 제국의 황제 샤 자한이 나라를 다스리고 있을 때였지요. 황제 샤 자한은 아내를 무척 사랑했습니다. 그러나 안타깝게도 황비는 아기를 낳다가 목숨을 잃고 말았습니다.

아내를 잃은 황제는 깊은 슬픔에 잠겼습니다. 아내를 위해서라면 무엇이든지 해 주고 싶었던 황제는 아내의 관을 보관할 훌륭한 무덤 궁전을 짓기로 마음먹었습니다.

샤 자한은 무덤 궁전을 짓기 위해 나라 안뿐만 아니라 나라 밖의 이름난 건축가들과 예술가들을 불러들였습니다. 하얀 대리석을 운반하기 위해 1,000마리나 되는 코끼리가 동원되었지요

또, 무덤 궁전을 아름답게 꾸미기 위해 값비싼 보석들을 사들였습니다. 신하들을 멀리 아라비아와 중국 및 아시아 여러 나라로 보내 터키옥, 사파이어, 자수정, 산호, 비취 같은 온갖 귀한 보석들을 구해 오도록 했지요.

이 무덤 궁전은 1632년에 짓기 시작해서 1654년에 완성되었습니다. 무

려 22년이나 걸렸지요. 하루 2만 명이나 되는 일꾼들이 공사에 동원되었다고 합니다.

이렇게 해서 만들어진 무덤 궁전이 타지마할입니다. 황비의 이름이 무므타즈 마할이기 때문에 '마할의 왕관'이라는 뜻을 가진 타지마할로 이름 붙인 것입니다.

그런데 타지마할에는 사실을 확인할 수 없는 다음과 같은 이야기가 전해지고 있습니다. 이 세상에서 가장 아름다운 무덤 궁전이 다 만들어지자 황제는 새로운 욕심이 생겼습니다. 이보다 훌륭한 건축물을 다시는 만들지 못하게 하고 싶어진 것이지요. 그래서 타지마할을 만든 건축가들과 예술가들의 손가락을 모두 잘라 버렸다고 합니다.

타지마할은 아그라에 있습니다. 인도 북쪽에 있는 아그라는 1564년에서 1658년까지 약 100년 동안 이슬람교를 믿는 무굴 제국 시대의 수도였지요. 아그라의 대표적인 유적은 붉은 사암으로 성벽을 둘러싼 아그라 성과 타지마할입니다.

하얀 대리석으로 지은 타지마할은 둥근 지붕이 덮여 있고, 사원처럼 네 귀퉁이에 높은 탑이 있습니다. 하얀 벽에는 붉은색, 푸른색, 초록색, 검은색, 주황색 풀꽃 모양들이 섬세하게 장식되어 있지요.

안으로 들어가 보면 무므타즈 마할 황비의 관과 샤 자한 황제의 관이 나란히 놓여 있습니다. 진짜 시신은 타지마할의 지하에 있지요.

타지마할 뒤로는 야무나 강이 흐르고 있습니다. 샤 자한 황제는 야무나 강 건너편에 자신의 무덤도 세울 계획이었지요. 하얀색 타지마할과는

타지마할
건설 시기 기원후 1632 ~1654년
무덤 위치 인도 아그라
무덤 주인 무므타즈 마할
지역·기후 겨울과 여름 온도 차이가 심함

반대로 검은색으로 된 무덤 궁전을 만들 생각이었습니다.

하지만 무리한 공사 때문에 나라의 돈이 바닥나고 백성들은 가난해졌습니다. 그러자 황제를 원망하는 소리가 점점 높아져 갔지요.

샤 자한의 셋째 아들 아우랑제브는 아버지를 강 건너 아그라 성에 가두어 버렸습니다. 그러고는 자신이 황제 자리에 올랐지요. 샤 자한 황제는 그때부터 죽을 때까지 아그라 성에 갇혀 지냈습니다. 멀리 타지마할을 바라보며 하루하루를 보낸 것입니다.

어려움을 겪어 온 타지마할

타지마할은 인도의 역사와 함께 많은 어려움을 겪었습니다. 무굴 제국이 기울기 시작하면서 떠돌이들의 집이 된 것이지요. 인도가 영국의 식민지가 된 뒤에는 유럽인들에게 인기 있는 신혼 여행지가 되었습니다. 또, 건물 일부가 경매에 팔리기도 했습니다.

요즘의 타지마할은 새로운 문제로 몸살을 앓고 있습니다. 타지마할에서 멀지 않은 곳에 있는 공장에서 나오는 엄청난 양의 오염 물질 때문이지요. 이 오염 물질은 산성비를 내리게 하는데, 산성비는 타지마할의 하얀 대리석을 누렇게 만들고 갈라지게도 합니다.

황제의 애틋한 사랑이 담겨 있는 새하얀 타지마할을 지키는 일은 이제 후손들이 해결해야 할 숙제로 남아 있답니다.

3 신을 위한 도시

사람들은 다양한 종교를 믿고 있습니다.

우리 주변을 둘러보아도 교회나 성당에 다니는 사람이 있고, 절에 다니는 사람도 있지요. 그리고 신부나 승려가 되어 결혼도 하지 않고 한평생을 종교 생활을 하며 보내는 사람도 있습니다.

종교란 무엇일까요?

사람들은 모르는 것이 참 많습니다. 우리는 어디서 왔을까, 죽으면 어디로 가는 것일까, 사람들은 왜 고통 속에서 사는 것일까 등등 풀기 어려운 문제들이 많지요. 종교는 이런 문제들을 풀어 보려는 소망에서 생겨난 것입니다.

세계에서 가장 많은 사람들이 믿고 있는 종교는 불교, 그리스도교, 이슬람교입니다. 이 종교들을 가리켜 세계 3대 종교라고 하지요. 그 밖에도 셀 수 없이 많은 종교가 있습니다.

우리나라는 삼국 시대에 불교가 들어왔습니다. 조선 시대에는 유교를 나라의 종교로 삼았지요. 지금부터 100년 전쯤에는 그리스도교가 들어와 널리 퍼지게 되었습니다.

세계에는 많은 종교 유적들이 있습니다.

유럽의 여러 도시에는 오래된 성당이나 교회가 도시의 대표적인 상징물입니다. 에티오피아의 랄리벨라에는 큰 바위를 깎아 만든 지하 교회가 11개나 있지요.

인도와 중국에서는 석굴에 만든 불교 사원들이 유명하지요. 우리나라에도 석굴암과 불국사 같은 소중한 불교 문화유산들이 있습니다.

이런 종교 유적뿐만 아니라, 종교를 가진 사람이라면 누구나 성스럽게 여기는 도시들도 있습니다. 힌두교 신자라면 누구나 한번 가보고 싶어한다는 인도의 바라나시, 석가모니가 깨달음을 얻은 부다가야, 예수가 십자가에 못 박혔던 예루살렘, 이슬람교 신자들이 날마다 그곳을 향해 절을 하는 메카 등이 그런 곳이지요.

특히 예루살렘은 유대교, 이슬람교, 그리스도교에서 모두 성지로 여기는 도시입니다.

오늘도 이런 성스러운 도시들에는 전 세계에서 찾아온 신앙심 깊은 순례자들의 발길이 끊이지 않고 있습니다.

힌두교의 중심 도시 바라나시

바라나시는 인도 북쪽 갠지스 강가에 있습니다. 이곳은 힌두교를 믿는 사람들이 가장 성스럽게 여기는 도시이지요.

바라나시에 해가 떠오를 무렵이면 갠지스 강은 벌써 사람들로 붐비기 시작합니다. 강기슭을 따라 늘어서 있는 목욕 계단(가트)에 사람들이 모여들기 때문이지요. 물속에 몸을 담그는 사람도 있고, 물을 떠 마시는 사람도 있습니다.

강물이 그다지 깨끗하지 않지만 인도 사람들에게 그런 것은 중요하지 않답니다. 신이 내려준 축복의 강이니까요.

인도 신화에 따르면, 바라나시는 비슈누 신이 만들었다고 합니다. 비슈누는 힌두교에서 가장 중요한 3대 신 가운데 하나입니다. 모든 생명과 자연을 지키는 신이지요.

힌두교 신자들은 누구나 한 번은 바라나시에 가 보고 싶어 합니다. 그리고 이 도시에서 죽음을 맞이하는 것을 가장 큰 행복이라고 생각하지요. 살아 있을 때 바라나시에 와 보지 못한 사람은, 죽은 다음에라도 자신의 뼛가

루를 이곳 갠지스 강물에 뿌려 주기를 바랍니다.

이처럼 사람들이 바라나시를 중요하게 여기는 까닭은 무엇일까요? 인도에서는 갠지스 강과 여러 작은 강들의 물줄기가 합쳐지는 곳을 가장 성스러운 곳이라 생각합니다. 바라나시는 다섯 줄기의 강물이 만나는 곳이지요. 힌두교 신자들은 이 강물에 몸을 담그면, 자신이 저지른 모든 죄가 말끔히 씻긴다고 믿고 있습니다.

바라나시에는 2,000개 이상의 사원이 있습니다. 사원에 모신 신상들만 해도 약 50만 개에 이른다고 합니다.

바라나시
위치 인도 우타르프라데시 주
문명 인더스 문명
기후 기온 차가 큼(건기와 우기)
종교 힌두교
눈여겨볼 곳 갠지스 강변 가트

바라나시에서 가장 유명한 힌두교 사원은 시바 신을 모신 비슈와나트입니다. 시바 신은 창조와 파괴의 신이지요. 비슈와나트 사원의 둥근 지붕에는 800킬로그램 정도의 금박이 입혀져 있어 '황금 사원'이라고도 불립니다.

　오랫동안 힌두 학문의 중심 도시였던 바라나시에는 많은 학교들이 있습니다. 앞서 소개한 비슈와나트 사원도 바라나시 힌두대학교 안에 있답니다. 유서깊은 도시답게 전통 학문을 잇는 학자들도 헤아릴 수 없이 많지요.

소를 숭배하는 인도 사람들

　힌두교에서는 소가 성스러운 동물이라 하여 죽이지도 먹지도 않습니다. 이처럼 소를 숭배하게 된 까닭은 인도에서 소가 없어서는 안 되는 소중한 동물이었기 때문입니다.

　옛날부터 인도 사람들은 소 한 마리가 10명의 사람을 먹여 살린다고 여겼습니다. 소의 젖을 짜서 우유를 마시고, 치즈와 요구르트를 만들고, 가죽은 집을 짓는 데 사용했습니다. 밭을 갈 때에도 소의 힘이 필요했고, 소똥은 중요한 땔감이었지요. 그러면서 소는 점점 숭배의 대상이 되었습니다. 지금도 인도에 가면 주인 없이 거리를 돌아다니는 소들을 흔하게 볼 수 있답니다.

석가모니가 깨달음을 얻은 성지 부다가야

부다가야는 인도 비하르 주에 있는 작은 마을입니다. 지금부터 약 2,500년 전에 석가모니가 깨달음을 얻어 부처가 된 곳이지요. 부다가야란 '부처가 가야에서 도를 깨달았다.'는 뜻입니다.

불교를 탄생시킨 석가모니는 어떤 분이었을까요? 석가모니는 '카필라'라는 작은 왕국의 왕자로 태어났습니다. 원래 이름은 고타마 싯다르타인데, 깨달음을 얻은 뒤로는 석가모니라 불리고 있습니다. 석가란 샤카 족을 뜻하고, 모니란 성자라는 의미입니다.

석가모니는 스물아홉 살에 왕궁을 나왔습니다. 늙은 사람, 병든 사람, 죽은 사람을 차례로 보고, 삶에 대한 깨달음을 얻기 위해 출가한 것이지요.

석가모니는 두 명의 이름난 스승을 찾아가서 가르침을 받았지만, 모든 생명이 태어나고 늙고 병들고 죽는 생로병사(生老病死)의 고통에서 벗어날 지혜를 얻을 수가 없었습니다. 석가모니는 숲으로 들어가 6년 동안 힘든 수행을 했습니다. 그리고 서른다섯 살이 된 해의 어느 날 새벽, 마침내 가야 마을에 있는 보리수 아래에서 큰 깨달음을 얻고 부처가 되었습니다.

부다가야

위치 인도 비하르 주 가야 구역
문명 인더스 문명
기후 기온차가 큼
종교 불교 발상지
눈여겨볼 곳 보리수

부처는 '깨달은 자'라는 뜻입니다. 불교에서는 누구나 깨달음을 얻으면 고통에서 벗어나 부처가 될 수 있다고 가르치고 있습니다.

불교는 인도 마우리아 왕조 3대 왕이었던 아쇼카왕 때부터 여러 나라로 퍼져 나갔습니다. 우리나라에는 고구려 소수림왕 2년(372년)에 중국을 거쳐 전해졌지요.

부다가야에 가면 아쇼카왕이 세운 마하보디 대탑이 우뚝 솟아 있어 이곳을 찾은 불교 신자들을 맞고 있습니다. 마하보디 대탑은 높이가 55미터에 이르지요.

마하보디 대탑 서쪽에는 석가모니가 그늘에 앉아 깨달음을 얻었다는 보리수가 있습니다. 지금은 옛날의 보리수 대신 손자뻘 되는 보리수나무가

자라서 넓은 가지를 펼치고 있지요.

　보리수는 옛날부터 인도에서 '숲의 왕'이라 하여 귀하게 여기던 나무였습니다. 인도의 사람들은 이 나무를 깨달음의 나무라는 뜻을 가진 '보디 브리쿠샤'라고 불렀습니다. 이 이름이 한자로 전해지면서 우리나라에서는 보리수가 되었습니다.

　부다가야는 석가모니의 탄생지 룸비니, 최초의 설법지 사르나트(녹야원), 열반지 쿠시나가르와 함께 불교의 4대 성지에 속합니다. 부다가야

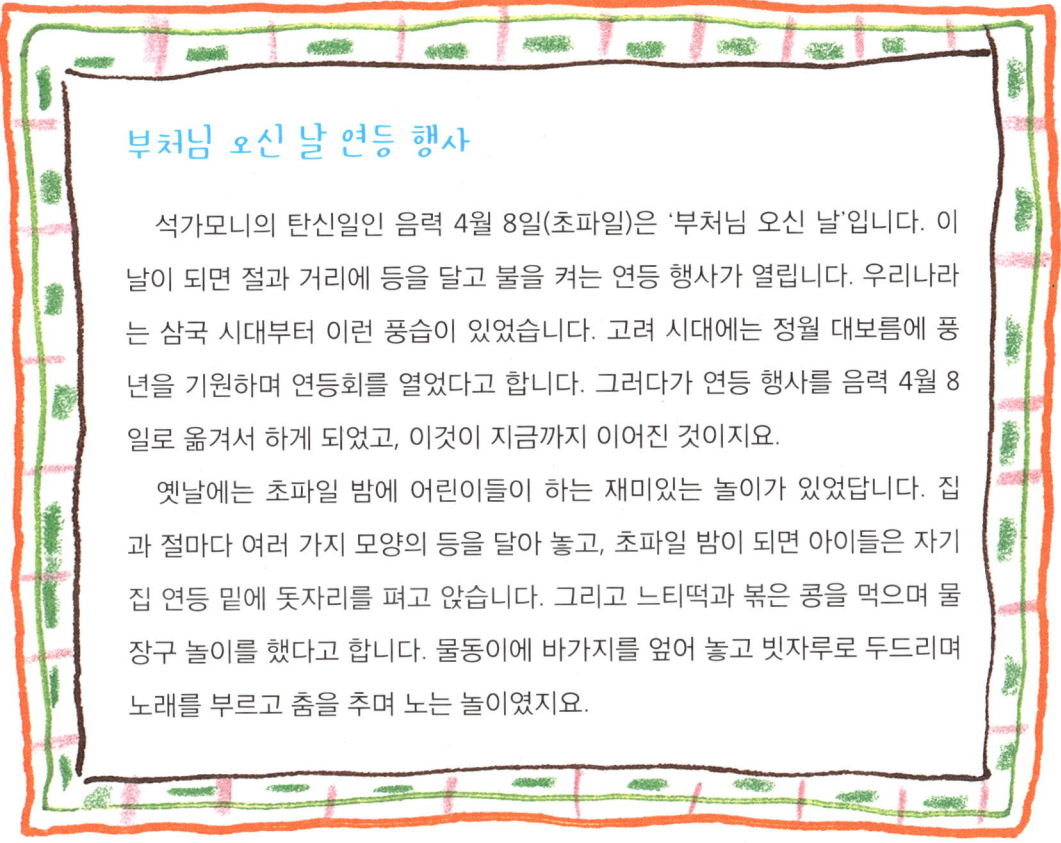

부처님 오신 날 연등 행사

　석가모니의 탄신일인 음력 4월 8일(초파일)은 '부처님 오신 날'입니다. 이 날이 되면 절과 거리에 등을 달고 불을 켜는 연등 행사가 열립니다. 우리나라는 삼국 시대부터 이런 풍습이 있었습니다. 고려 시대에는 정월 대보름에 풍년을 기원하며 연등회를 열었다고 합니다. 그러다가 연등 행사를 음력 4월 8일로 옮겨서 하게 되었고, 이것이 지금까지 이어진 것이지요.

　옛날에는 초파일 밤에 어린이들이 하는 재미있는 놀이가 있었답니다. 집과 절마다 여러 가지 모양의 등을 달아 놓고, 초파일 밤이 되면 아이들은 자기 집 연등 밑에 돗자리를 펴고 앉습니다. 그리고 느티떡과 볶은 콩을 먹으며 물장구 놀이를 했다고 합니다. 물동이에 바가지를 엎어 놓고 빗자루로 두드리며 노래를 부르고 춤을 추며 노는 놀이였지요.

에는 세계 여러 나라의 불교 사원들이 있습니다. 미얀마, 태국, 스리랑카, 중국, 일본 등지에서 온 승려들이 각기 독특한 모양으로 사원을 세운 것이지요. 나라마다 사원의 모습은 다르지만, 석가모니를 따라 깨달음을 얻고자 하는 마음은 한결같답니다.

세 가지 종교의 성지 예루살렘

이스라엘은 예루살렘이 '이스라엘의 영원한 수도'라고 주장합니다. 그러나 국제법상으로 보면 예루살렘은 소속이 복잡합니다. 거기에는 특별한 역사적, 종교적 배경이 있습니다. 유대교, 그리스도교, 이슬람교에서는 모두 예루살렘을 성지라고 부릅니다.

기원전 약 1000년경에 예루살렘은 유대 왕국의 수도가 되었습니다. 유대 왕국을 가장 크고 강한 나라로 만들었던 왕은 솔로몬이었습니다. 여러분도 '솔로몬의 지혜'라는 이야기를 들어 보았을 겁니다. 솔로몬은 한 아기를 놓고 서로 자기 아이라고 다투는 여자들에게 지혜로운 판결을 내렸다는 왕이지요.

솔로몬왕 때 유대 왕국은 서쪽으로는 유프라테스 강, 동쪽으로는 이집트에 이르는 크고 넓은 땅을 차지했습니다. 그러나 솔로몬 이후에는 힘이 약해져서 다른 민족의 지배를 받으며 고통을 당했습니다.

유대 사람들은 언젠가는 구원자가 나타나 자신들을 구해 주리라 믿었습니다. 그들은 유대인만이 하느님의 구원을 받을 수 있는 선택 받은 민족이라고 굳게 믿었지요. 이들의 종교를 유대교라고 합니다.

그런데 로마 제국이 유대 땅을 지배하고 있을 때 예수가 나타났습니다. 예수는 스스로 하느님의 아들이라 했지요. 예수는 유대 사람뿐 아니라, 하느님을 믿는 사람이면 누구나 구원받을 수 있다고 했습니다.

예수를 믿고 따르는 사람들이 점점 불어나자. 유대교 제사장들은 이를 못마땅하게 여겼습니다. 제사장들은 예수가 사람들을 모아 로마에 저항하려 한다고 모함했습니다. 마침내 예수는 로마군에게 붙잡혀 재판을 받은 뒤 십자가에 못 박혀 죽었지만. 사흘 만에 다시 살아났다고 합니다.

지금도 예루살렘에서는 금요일마다 그리스도교 신자들이 십자가 행진을 벌입니다. 예수가 십자가를 지고 처형 장소까지 걸어갔던 길을 따라 걷는 것이지요. 이 행진은 성묘교회에서 끝이 납니다. 성묘교회는 예수가 십자가에 못 박힌 곳과 예수가 묻혔던 묘지 위에 세운 것입니다.

유대 사람들은 로마에 맞서 반란을 일으켰지만 실패하고 말았습니다. 그때부터 유대 민족은 2,000년 가까이 나라 없는 민족으로 떠돌아다녔습니다. 유대 사람들이 나라를 다시 세운 것은 1948년의 일입니다.

예루살렘에는 '통곡의 벽'이 있습니다. 너비가 60미터이고 높이가 18미터인 커다란 벽이지요. 통곡의 벽은 고대 유대 왕국 때 지은 성전의 일부분입니다. 로마 군대가 성전을 파괴했지만, 다행히 이 벽만은 남았지요. 유대 사람들은 이 벽에 대고 나라 없는 백성으로 받았던 설움을 눈물과 함께 하느님에게 쏟아 놓았지요. 그래서

예루살렘

위치 사해 북쪽 팔레스타인 중앙 산맥
기후 지중해성 기후와 사막 기후 (계절에 따른 기온 차가 큼)
종교 이슬람교, 그리스도교, 유대교
눈여겨볼 곳 통곡의 벽, 바위의 돔

이곳 이름이 통곡의 벽이 된 것입니다. 지금도 유대 사람들은 자기 소원을 종이에 적어 통곡의 벽 틈에 끼워 놓고 기도합니다.

 이슬람교에서는 예루살렘을 세 번째 성스러운 도시로 여기고 있습니다. 왜냐하면 이곳에서 이슬람교 예언자 마호메트가 하늘로 올라갔다고 믿기 때문이지요. 서기 638년. 칼리프 오마르 1세가 이끄는 아라비아 군대가 도시를 점령하면서 예루살렘은 이슬람 도시가 되었습니다. 예루살렘에는 세계의 배꼽이라고 생각되는 신성한 바위가 있는데. 이 바위 위에 691년에 세워진 이슬람 사원(모스크)인 '바위의 돔'이 있습니다.

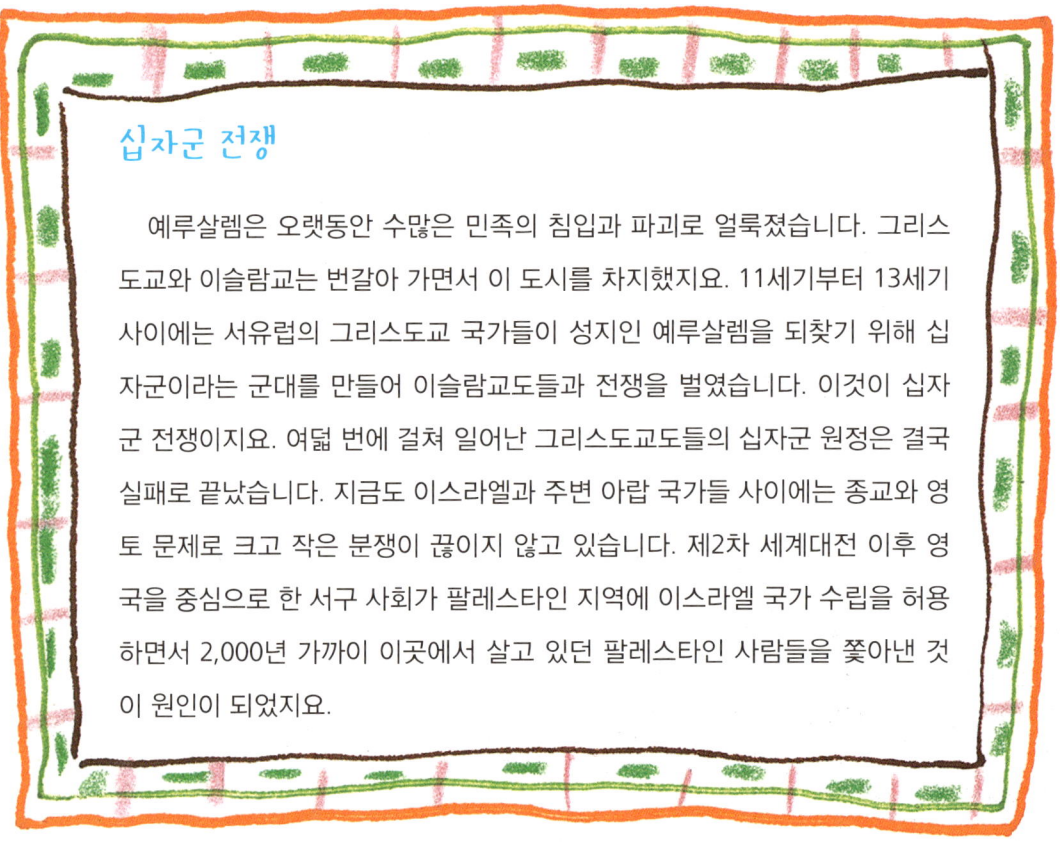

십자군 전쟁

 예루살렘은 오랫동안 수많은 민족의 침입과 파괴로 얼룩졌습니다. 그리스도교와 이슬람교는 번갈아 가면서 이 도시를 차지했지요. 11세기부터 13세기 사이에는 서유럽의 그리스도교 국가들이 성지인 예루살렘을 되찾기 위해 십자군이라는 군대를 만들어 이슬람교도들과 전쟁을 벌였습니다. 이것이 십자군 전쟁이지요. 여덟 번에 걸쳐 일어난 그리스도교도들의 십자군 원정은 결국 실패로 끝났습니다. 지금도 이스라엘과 주변 아랍 국가들 사이에는 종교와 영토 문제로 크고 작은 분쟁이 끊이지 않고 있습니다. 제2차 세계대전 이후 영국을 중심으로 한 서구 사회가 팔레스타인 지역에 이스라엘 국가 수립을 허용하면서 2,000년 가까이 이곳에서 살고 있던 팔레스타인 사람들을 쫓아낸 것이 원인이 되었지요.

이슬람교 신자들의 마음의 고향 메카

이슬람교 신자들의 마음은 늘 메카를 향해 있습니다. 이슬람교 신자라면 누구나 하루에 다섯 번씩 메카를 향해 기도해야 하지요.

메카는 사우디아라비아 서쪽에 있는 성스러운 도시입니다. 나무 한 그루 없는 민둥산과 아브라함 계곡으로 둘러싸여 있는 오아시스이지요.

고대부터 메카는 상업 도시로 널리 알려져 있었습니다. 이곳은 아라비아의 여러 부족들은 물론이고, 지중해에 접해 있는 나라들과 동아프리카와 남아시아를 잇는 교통의 중심지였지요.

고대 메카에서는 해마다 큰 종교 축제가 열렸습니다. 당시 아라비아 사람들은 여러 부족으로 흩어져 살면서 저마다 숭배하는 우상(신)을 가지고 있었지요. 종교 축제에 모여든 사람들은 우상들을 사고 팔았습니다. 메카에는 많은 우상들을 모신 카바 신전이 있었는데, 사람들은 이 신전에 모여 기도했습니다.

570년 즈음에 메카에서 마호메트라는 남자아이가 태어났습니다. 마호메트는 어른이 된 뒤 멀리까지 나가 장사를 하는 큰 상인이 되었습니다.

그런데 마흔 살 되던 해의 어느 날, 마호메트는 알라신의 목소리를 들었습니다. 그는 '모든 사람은 알라 앞에서 평등하다.'는 말씀을 사람들에게 전하기 시작했습니다.

메카의 큰 상인들을 비롯한 지도층은 평등을 전하는 마호메트를 싫어했습니다. 위협을 느낀 마호메트는 메디나라는 도시로 몸을 피해야 했지요. 이때가 622년입니다.

그러나 마호메트를 따르는 사람들은 점점 늘어났습니다. 마침내 큰 상인들과의 싸움에서 이긴 마호메트는 메카로 돌아왔습니다. 마호메트는 카바 신전에 있던 우상들을 파괴했고, 카바 신전은 유일신인 알라의 신전이 되었습니다. 그 뒤, 이슬람교는 아라비아 반도 전체로 퍼져 나갔으며 유럽 남쪽과 동남아시아, 중국, 아프리카까지 전해졌습니다.

이슬람이라는 말은 아라비아 말로 '신에 대한 절대 복종'이란 뜻입니다. 그리고 코란은 마호메트가 전한 신의 말씀을 모은 경전이지요.

이슬람교 신자라면 반드시 지켜야 하는 다섯 가지 의무가 있습니다. 이 가운데 하나가 평생에 한 번은 반드시 메카를 순례해야 한다는 것이지요. 이슬람교 신자들이 메카 순례는 이슬람력으로 마지막 달인 순례의 달에 진행됩니다. 이때가 되면 전 세계에서 수백만 명의 신자들이 메카를 찾아오지요.

메카는 카바 신전과 이를 둘러싸고 있는 메카 대사원, 사원 안에 있는 성스러운 우물인 잠잠을 중심으로 이루어져 있습니다.

메카
위치 사우디아라비아 마카 주의 수도
문명 이집트 문명
기후 사막 기후, 초원 지대
종교 이슬람교 지도자 마호메트의 탄생지
눈여겨볼 곳 카바 신전

라마단

라마단은 이슬람교에서 가장 성스럽게 여기는 달입니다. 라마단은 마호메트가 알라의 계시를 받은 달이기 때문이지요. 라마단 동안에 이슬람교 신자들은 해가 뜰 때부터 질 때까지 아무것도 먹지 않고 지냅니다. 해가 뜨기 전과 해가 진 뒤를 기다려 음식을 먹어야 하지요. 하지만 어린이, 환자, 임산부 등은 라마단 금식에서 제외됩니다.

라마단이 끝나면 '에이드 알피트르 축제'가 사흘 동안 열립니다. 축제 기간 동안 가족과 친구들을 만나 음식을 나누어 먹고 선물을 주고받으며 즐겁게 지내지요.

4 역사 도시와 유적지

먼 옛날에는 작은 도시가 하나의 국가였던 때도 있었습니다.

고대 그리스는 여러 도시 국가들로 이루어져 있었는데, 그 중에서도 아테네와 스파르타가 가장 크고 힘이 센 도시 국가였지요.

고대 이탈리아의 로마도 도시 국가로 시작했지만, 이탈리아 반도를 통일하고 거대한 영토를 다스리는 제국이 되었지요. 하지만 '모든 길은 로마로 통한다.'는 말이 생길 정도로 세계의 중심이었던 고대 로마도 여러 차례 전쟁을 겪으면서 많은 건물들이 원래 모양을 알아볼 수 없을 만큼 파괴되기도 했습니다.

그러나 사람들만 도시를 파괴하는 것은 아닙니다. 지진이 나거나 화산이 폭발하면, 몇천 년 동안 공들여 만든 훌륭한 도시도 한 순간에 없어지고 말지요.

이탈리아 남부 지역인 나폴리 만 연안에 있었던 고대 도시 폼페이가 바로 그런 예입니다. 서기 79년 8월 24일, 베수비오 화산이 폭발해 폼페이는 최후를 맞았습니다. 긴 세월이 흐른 뒤, 고고학자들이 화산재를 걷어 내고 발굴을 하여 화려했던 옛 모습을 볼 수 있게 되었지요.

세계에는 나라마다 그 나라를 대표하는 수도가 있습니다. 아름다운 건축물과 음악가들이 많은 예술의 도시도 있고, 교통이 편리해 상업이 발달한 도시들도 있지요.

그런데 누가 만들었는지 정확하게 알 수 없는 도시들도 있습니다. 남아메리카 안데스 산맥에서 발견된 마추픽추나 티아우아나코 같은 도시들은 아직도 풀리지 않는 수수께끼로 남아 있지요.

한때 주변 나라들을 다스릴 정도로 힘이 센 왕국이 있었던 캄보디아의 앙코르 유적도 오랫동안 정글 속에 버려져 있었습니다. 이곳에 있는 힌두교 사원인 앙코르 와트는 웅장한 규모와 뛰어난 조각 솜씨로 세계를 놀라게 했지요.

세계에는 역사적으로 중요한 도시들이 많이 있습니다. 민주주의가 최초로 시작된 그리스의 아테네. 동서양의 문화와 특산물이 오고 간 비단길이 시작되었던 중국의 시안 같은 도시들이지요.

또. 유럽 대륙과 아시아 대륙 사이에 있는 터키의 이스탄불은 한때 세계를 지배했던 비잔티움 제국과 오스만 제국의 수도를 차례로 지낸 도시입니다.

천 년의 신라 역사가 살아 있는 경주. 조선 시대 왕궁을 비롯해 수많은 문화재가 있는 서울은 우리나라의 대표적인 역사 도시들입니다.

아테나 여신의 도시 아테네

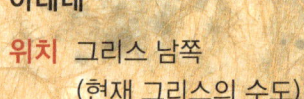

아테네
위치 그리스 남쪽
(현재 그리스의 수도)
특징 도시 국가
눈여겨볼 곳 파르테논 신전

그리스 신화에 나오는 신들은 사람들과 비슷한 점이 많습니다. 사람처럼 싸우기도 하고 사랑에 빠지기도 하지요.

아테네를 두고도 바다의 신인 포세이돈과 아테나 여신이 서로 자기 것이라며 다투었습니다. 그러자 신들은 아테네 사람들에게 가장 좋은 선물을 하는 신에게 이 도시를 주겠다고 했습니

다. 포세이돈은 사람들에게 빠른 말을 주었고. 아테나 여신은 올리브 나무를 주었습니다. 신들은 올리브 나무가 사람들에게 더 쓸모 있겠다고 생각했습니다. 그래서 이 도시의 신은 아테나 여신이 되었지요. 아테네라는 도시 이름은 아테나 여신의 이름을 따른 것이라고 합니다. 아테나는 지혜와 힘과 전쟁의 신이랍니다.

고대 그리스는 여러 도시 국가들로 이루어져 있었습니다. 그 중에서도 아테네와 스파르타는 가장 크고 힘이 센 도시 국가였지요. 아테네는 근대 민주 정치의 싹이 튼 곳으로 유명합니다. 아테네에서는 투표를 통해 '민회'에서 시민들이 정치에 직접 참여했습니다.

아테네는 그리스 남쪽에 자리 잡고 있습니다. 이 도시의 중심에는 커다란 바위 언덕이 있는데. 이 언덕이 아크로폴리스입니다. '높은 언덕 위의 도시'라는 뜻이지요. 아크로폴리스는 아주 먼 옛날에는 성벽이 둘러쳐 있는 작은 도시였습니다. 적의 침입을 막을 수 있는 훌륭한 요새였지요. 그러던 것이 도시가 차츰 아래쪽으로 넓어지면서 지금과 같은 모습이 되었습니다.

아크로폴리스에는 여러 신전들이 있습니다. 아테나 여신을 위한 파르테논 신전. 승리의 여신인 니케 신전. 농사와 관련된 신들의 신전인 에레크테이온 등이 있지요. 모두 아름다운 대리석 건축물들입니다.

아테나 여신을 모신 파르테논 신전은 아테네의 모든 건축물들 가운데 가장 뛰어난 작품입니다. 기원전 438년에 완성된 파르테논 신전은 높이가 30미터 폭이 70미터이고, 그 주위를 굵고 단단한 대리석 기둥 46개가 둘러싸고 있습니다.

파르테논 신전은 아름다운 모양뿐 아니라 과학적인 건축 방법으로도 잘 알려져 있습니다. 2,500년 전쯤에 만들어진 파르테논 신전의 건축 방법은 오늘날에도 본보기가 되고 있지요.

사람의 눈은 완전하지 않아 착각을 일으키는 경우가 가끔 있습니다. 이를 가리켜 착시 현상이라고 하지요. 건물 기둥을 보면, 위아래가 똑같은 굵기를 가진 기둥인데도 가운데 부분이 가늘어 보인답니다. 그래서 이러한 착시 현상을 막으려고 파르테논 신전 기둥들의 가운데 부분을 다른 곳보다 굵게 만들었다고 합니다.

아테나 여신상이 있던 신전 중앙의 벽 윗부분에는 아테나 여신을 기리는 판아테나이아 축제 모습이 폭이 좁고 길이가 긴 벽을 따라 새겨져 있습니다. 판아테나이아는 해마다 아테네에서 열리던 축제입니다. 이 기간 동안 아테나 여신에게 새 옷과 동물들을 바쳤습니다. 그러나 이 조각품은 지금은 서쪽 부분만 남아 있지요. 나머지 부분은 아크로폴리스 미술관과 영국 대영박물관에 있습니다.

파르테논 신전은 그리스 역사와 함께 많은 어려움을 겪었습니다. 약

1,000년 동안 그리스도교 교회로 사용되었고, 그 뒤 200년 동안은 이슬람 사원이 되었지요. 1687년에 오스만 튀르크와 베네치아가 이곳에서 전쟁을 벌이던 중 신전 안에서 화약이 터졌습니다. 이때 신전 중심 부분이 크게 파괴되었습니다. 그런가 하면 오스만 튀르크 제국이 그리스를 지배하던 1816년에는 신전 벽에 있던 많은 조각품들이 영국 런던의 대영박물관에 헐값으로 팔렸지요.

이렇게 많은 손상을 입은 파르테논 신전은 현재 유네스코 세계문화유산으로 지정되어 보호되고 있습니다. 유네스코의 상징도 파르테논 신전을 본떠 만들었답니다.

올림픽과 마라톤

고대 그리스 사람들은 4년에 한 번씩 올림피아의 제우스 신전에서 운동 경기를 열었습니다. 정확한 것은 알 수 없지만, 기원전 776년 무렵부터 시작되어 4년마다 열렸다고 알려져 있답니다. 그리스의 모든 도시 국가에서 선수들이 참가해 달리기, 씨름, 원반 던지기, 창 던지기 등을 하며 실력을 겨루었지요. 경기가 열리는 동안에는 도시 국가들 사이에 전쟁도 멈추었다고 합니다.

마라톤은 42.195킬로미터를 달리는 최장거리 육상 종목으로, 인간의 체력과 의지의 한계를 시험하는 경기입니다. 그런데 마라톤은 원래 아테네 북동부에 펼쳐진 그리스 평야의 이름이었습니다. 기원전 490년, 아테네 군대는 두 배의 병력을 가진 페르시아 군대를 맞아 전쟁에서 승리했습니다. 이 소식을 알리기 위해 전령인 페이디피데스는 아테네를 향해 쉬지 않고 달렸습니다. 마침내 그는 아테네에 도착해 승리를 전했지만, 그 자리에 쓰러져 죽고 말았습니다.

근대 올림픽은 1896년 그리스 아테네에서 시작되었는데, 마라톤 경기는 제1회 대회부터 육상 정식 종목으로 채택되었습니다. 이때 마라톤 선수들은 2,386년 전에 이곳을 달렸던 아테네 전령의 정신을 기리기 위해, 마라톤 평야에서 출발하여 아테네 올림픽 경기장까지 달렸답니다.

모든 길은 로마로 통한다

로마는 현재 이탈리아의 수도입니다. 한때는 찬란한 역사를 가졌던 로마 제국의 수도였지요. 하지만 로마 제국이 멸망한 뒤로 로마는 가톨릭교의 중심 역할을 하고 있습니다.

로마는 기원전 8세기 무렵 테베레 강가의 일곱 개 언덕에 마을이 생겨나면서 시작되었습니다. 그러다 기원전 270년경 이탈리아 반도를 통일하고, 카르타고와 세 차례에 걸친 전쟁을 한 끝에 지중해 주변 나라들을 차지하게 되었지요. 도시 국가였던 로마가 제국이 된 것입니다.

로마 제국은 '모든 길은 로마로 통한다.'는 말이 생길 정도로 크고 강했습니다. 북쪽으로는 지금의 영국, 남쪽으로는 북부 아프리카, 서쪽으로는 스페인, 동쪽으로는 아라비아에 걸친 대제국이었지요.

로마에서 처음으로 마을이 들어섰다는 팔라티노 언덕 아래에는 로마광장이 있습니다. 옛날 로마광장에서는 상업과 정치, 재판 등이 이루어졌습니다. 광장 주변으로 신전들이 지어졌고, 전쟁에서 승리하고 돌아오는 황제를 환영하기 위해 개선문이 세워졌지요.

그러나 다양한 건축물들이 있던 로마광장은 오랜 세월을 거치며 파괴되고 흙이나 재로 덮인 채 버려져 있었습니다. 지금 서 있는 개선문을 비롯한 유적들은 흙 속에 묻혀 있던 것들을 발굴해 낸 것이지요.

고대 로마 시내의 한가운데에는 원형 경기장인 콜로세움이 있었습니다. 콜로세움은 고대 로마 제국을 상징하는 건축물로 약 1,900년 전에 지어졌지요.

5만 명 이상의 관중이 들어갈 수 있었던 콜로세움은 고대 로마에서 가장

로마
위치 이탈리아 중서부
(현재 이탈리아의 수도)
특징 고대 로마 제국의 중심지
눈여겨볼 곳 콜로세움,
판테온

큰 경기장이었습니다. 콜로세움은 4층으로 이루어져 있는데, 관중들이 앉는 자리는 신분에 따라 나뉘었다고 합니다. 1층에는 왕족, 2층은 귀족, 그리고 3층과 4층에 평민이 앉았다고 하지요.

로마 시민들을 즐겁게 하기 위해 콜로세움에서는 검투 경기, 야생 맹수 사냥, 모의 전투 등을 벌였습니다. 검투 경기는 훈련을 받은 검투사들이 시합을 하여 두 사람 가운데 한 사람이 죽거나 다쳐야만 끝나는 경기였습니다. 야생 맹수 사냥은 검투사들과 야생 맹수가 겨루는 경기였지요. 이런 잔인한 경기는 약 300년 동안 계속되었습니다.

그 뒤 콜로세움은 다른 건물을 짓는 데 재료로 사용되었고, 여러 차례의 지진으로 피해를 입었습니다. 그래서 원래의 모습이 많이 훼손되었지요.

고대 로마 시대에 지어졌지만 지금까지 잘 보존된 건축물도 있습니다. 바로 모든 신들을 위한 신전인 판테온이지요.

판테온의 본당은 높이가 30미터이며, 원기둥 모양을 하고 있습니다. 천장 중앙에는 지름이 9미터인 구멍이 나 있는데, 이곳을 통해서 건물 안으로 빛이 들어오게 만들어져 있습니다. 이 구멍은 태양을 상징한다고 합니다.

르네상스 시대에 판테온은 무덤으로도 쓰였습니다. 우리에게도 잘 알려져 있는 이탈리아의 화가 라파엘로도 이곳에 묻혀 있지요. 지금은 가톨릭 성당으로 사용되고 있습니다.

로마는 고대 로마 제국의 유적들 말고도 미켈란젤로를 비롯하여 수많은 예술가들의 작품을 통해 전 세계 사람들에게 사랑을 받고 있습니다.

서양 문화에 큰 영향을 준 고대 로마 제국

로마 제국은 서양 문화에 커다란 영향을 주었습니다. 고대 서유럽의 여러 나라는 앞다투어 로마의 언어와 예술을 받아들였고, 정치·법률·군사 체계도 로마의 본을 따랐지요.

로마 사람들은 건축에도 뛰어났습니다. 로마 제국은 영토를 넓힐 때마다 그곳에 다리를 놓고 도로를 만들었지요. 그리고 세계에서 처음으로 콘크리트를 사용했습니다. 로마 사람들은 길 만드는 천재라고 불렸다고 합니다.

서양의 달 이름도 고대 로마 시대에 생긴 것입니다. 특히 July(7월)는 군인 출신 정치가였던 율리우스 케사르의 이름인 Julius에서, August(8월)는 아우구스투스 황제의 이름인 Augustus에서 비롯되었다고 합니다.

동서양 문화의 박물관 이스탄불

터키는 아시아 대륙과 유럽 대륙 사이에 있는 나라입니다. 특히 이스탄불은 옛날부터 유럽과 아시아를 이어 주는 상업 도시이자 군사 통로였지요. 이런 지리적 위치 덕분에 이스탄불은 비잔티움 제국과 오스만 제국의 수도를 차례로 지낼 수 있었습니다.

이스탄불의 옛 이름은 비잔티움이었습니다. 서기(기원후) 330년. 로마 제국의 콘스탄티누스 황제는 작은 상업 도시였던 비잔티움을 로마 제국의 새로운 수도로 삼았습니다. 비잔티움은 콘스탄티누스의 도시라는 뜻을 가진 '콘스탄티노플'이라는 새 이름을 얻게 되었지요.

395년에 로마 제국이 동서로 나뉘게 되자, 콘스탄티노플은 동로마 제국의 수도가 되었습니다. 동로마 제국은 옛 이름을 따라 비잔티움 제국이라고도 합니다. 비잔티움 제국은 약 1,000년 동안 계속되었습니다.

비잔티움 제국 시대를 대표하는 건축물이라면 무엇보다도 성 소피아 대성당(하기아 소피아)을 들 수 있는데, 터키 사람들은 아야 소피아라고도 부른답니다. 이 성당은 서기 360년 콘스탄티누스 2세에 의해 세워졌지만,

약 200년 뒤 콘스탄티노플에 반란이 일어나면서 불에 타 버렸습니다.

그러자 당시의 황제였던 유스티니아누스는 성당을 더 훌륭하게 다시 지으라고 명령했지요. 이를 위해 황제는 뛰어난 학자들을 불러 모았으며, 시리아와 이집트 등의 지역에서 건축 재료를 구입했습니다. 이 어마어마한 공사에 동원된 인부들도 1만 여명에 이르렀다고 합니다. 비잔티움 제국은 유스티니아누스 황제 때 옛 로마 제국이 지배했던 영토를 거의 되찾을 정도로 크고 강한 나라가 되었습니다.

이스탄불
위치 터키 서부
특징 아시아와 유럽을 잇는 지리적 위치
지정 유네스코 세계유산, 유럽 문화 수도
눈여겨볼 곳 성 소피아 대성당, 술탄 아흐메드 모스크

그러나 점차 힘이 약해진 비잔틴 제국은 1453년 오스만 제국에게 멸망했습니다. 오스만 제국은 이슬람교를 믿는 오스만 튀르크족이 세운 나라입니다. 오스만 제국의 술탄(황제)인 메메트 2세는 콘스탄티노플을 수도로 삼았습니다. 이때 콘스탄티노플은 이스탄불이라는 새 이름을 얻었지요.

또한 비잔티움 제국을 대표하던 성 소피아 대성당은 모스크(이슬람교 사원)로 바뀌게 되었습니다. 성당에 있던 모자이크 장식에는 회반죽이 칠해졌고, 4개의 미나레트(탑)가 사방에 세워졌지요.

오스만 제국은 술레이만 1세 때 가장 큰 영토를 차지했습니다. 지중해 해상권과 북부 아프리카, 서아시아 일부와 유럽 일부에 이르는 거대한 지역을 손에 넣었지요. 술레이만 1세 때인 1557년에는 식당, 병원, 학교, 묘지까지 갖춘 크고 아름다운 사원인 쉴레마니에 모스크가 완성되었습니다.

이스탄불에서 대표적인 이슬람 사원은 술탄 아흐메드 모스크입니다. 1616년에 완성된 이 사원의 안벽은 청색 타일로 장식되어 있어서 깊은 바나 같은 느낌을 준답니다. 그래서 '푸른 사원'이라는 귀여운 별명으로도 불리고 있지요.

오스만 제국을 지배했던 술탄들은 톱카프 궁전에 살았습니다. 이곳은 지금 박물관이 되었지요. 톱카프 궁전에는 많은 진기한 보석들과 이슬람

교와 관련된 전시품들이 있습니다. 그리고 중국 명나라와 청나라 시대의 도자기들도 전시되어 있지요.

  1923년, 오스만 제국이 멸망하고 터키 공화국이 들어섰습니다. 그 뒤, 이슬람교 사원이 되었던 성 소피아 대성당은 조금씩 예전 모습을 되찾고 있습니다. 회반죽을 칠했던 부분을 벗겨 내자, 아름다운 모자이크가 다시 나타났지요. 이곳은 그리스도교와 이슬람교 문화를 한 자리에서 감상할 수 있는 특별한 박물관이 되었습니다.

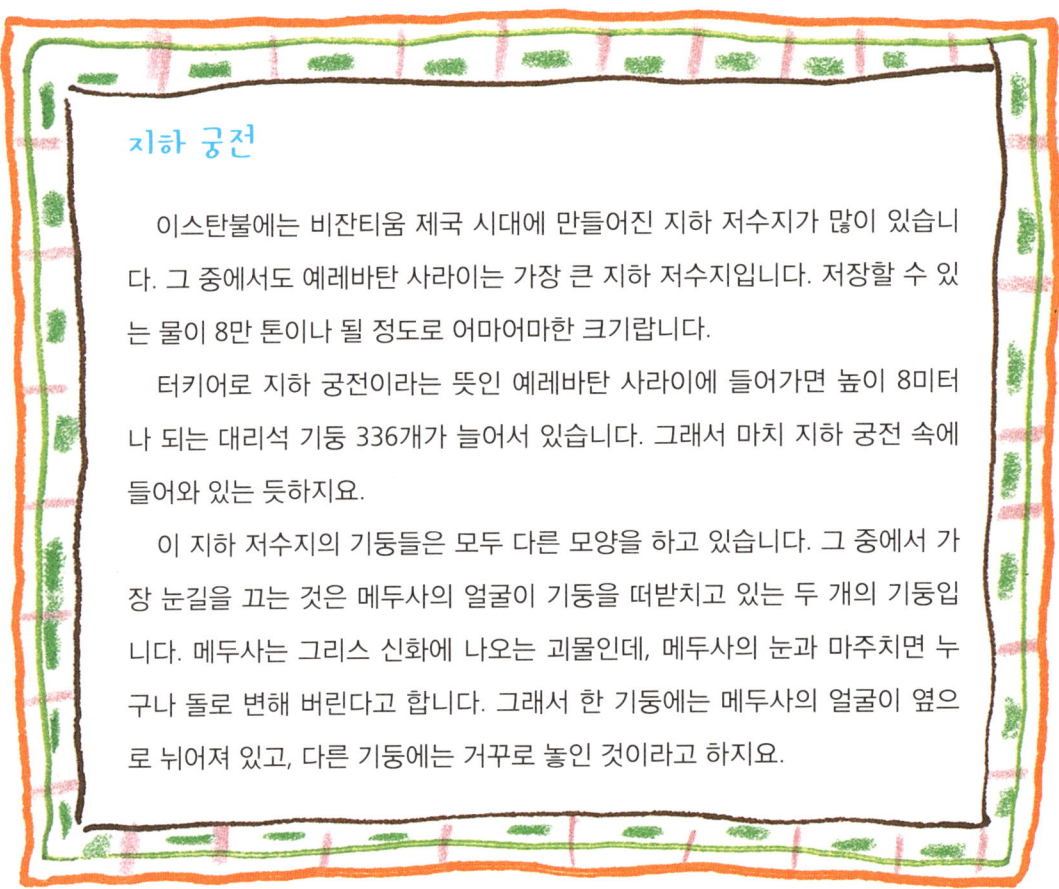

지하 궁전

  이스탄불에는 비잔티움 제국 시대에 만들어진 지하 저수지가 많이 있습니다. 그 중에서도 예레바탄 사라이는 가장 큰 지하 저수지입니다. 저장할 수 있는 물이 8만 톤이나 될 정도로 어마어마한 크기랍니다.

  터키어로 지하 궁전이라는 뜻인 예레바탄 사라이에 들어가면 높이 8미터나 되는 대리석 기둥 336개가 늘어서 있습니다. 그래서 마치 지하 궁전 속에 들어와 있는 듯하지요.

  이 지하 저수지의 기둥들은 모두 다른 모양을 하고 있습니다. 그 중에서 가장 눈길을 끄는 것은 메두사의 얼굴이 기둥을 떠받치고 있는 두 개의 기둥입니다. 메두사는 그리스 신화에 나오는 괴물인데, 메두사의 눈과 마주치면 누구나 돌로 변해 버린다고 합니다. 그래서 한 기둥에는 메두사의 얼굴이 옆으로 뉘어져 있고, 다른 기둥에는 거꾸로 놓인 것이라고 하지요.

비단길이 시작된 곳, 시안

옛날 상인들은 동양과 서양에서 만든 물건들을 가지고 산을 넘고 사막을 지나 멀고 험한 길을 오고 갔습니다. 이 길을 통해 중국의 대표적인 특산물인 비단이 서양에 전해졌습니다. 그런 까닭에 이 길을 비단길이라 부르게 되었지요. 비단길은 중국 장안에서 시작해서 중앙아시아를 지나 바다 건너 로마까지 이어졌습니다.

중국 산시성에 있는 시안은 명나라 이전까지는 장안이라 불렸습니다. 시안은 주·진·전한·수·당 등 11개 왕조의 수도로서 3,000년 가까운 역사를 지닌 도시입니다.

당나라 때인 780년 무렵에도 시안은 인구 100만이 넘는 국제 도시였습니다. 이곳에 살고 있던 외국 사신들과 수행원들만 해도 4,000여 명이나 되었다고 합니다. 시안의 거리는 동양과 서양에서 온 상인들로 붐볐고, 신라를 비롯하여 여러 나라에서 유학생들이 모여들었습니다.

옛 시안은 서양의 보석, 유리 그릇, 융단 등이 도착하는 장소였고, 중국의 비단과 종이, 도자기가 서양으로 나가는 출발지였습니다. 이곳에서는

　동양과 서양의 값진 물건들을 모두 구할 수 있었습니다.

　뿐만 아니라, 비단길을 통해서 다른 지역의 문화와 종교도 전해졌습니다. 당나라의 승려였던 현장은 비단길을 따라 인도까지 가서, 불교 경전을 가지고 다시 시안으로 돌아왔습니다.

　그래서 시안에는 유명한 절이 많이 있습니다. 그 중에서 지은사라는 절에는 높이 64미터에 7층으로 된 대안탑이 있지요. 이 탑은 현장이 인도에서 가지고 온 불경을 보관하려고 652년에 세운 것입니다.

　현장은 인도에서 말 20마리가 이끄는 마차에 부처 사리 150과, 불상 8구, 불경 657부를 싣고 돌아왔습니다. 현장은 지은사에서 인도 말로 씌어진 불교 경전들을 중국 말로 옮겼습니다. 이때 번역한 양이 무려 1,335권이나 되었지요.

　현장은 또 《대당 서역기》라는 인도 여행기를 썼습니다. 뒤에 이것을 바탕으로 명나라의 오승은이라는 사람이 《서유기》라는 소설을 썼지요. 삼장법사가 손오공과 저팔계, 사오정을 데리고 인도까지 가서 불경을 가져오는 과정을 그린 이야기입니다.

시안
위치 중국 산시성
특징 교역 도시
눈여겨볼 곳 지은사, 천복사

현장의 유골은 홍교사의 탑 속에 모셔져 있습니다. 이곳에는 현장의 으뜸가는 두 제자 가운데 한 사람인 원측을 기리는 탑도 있지요. 원측은 신라 임금의 후손으로, 열다섯 살에 중국으로 건너가서 부처의 가르침을 배웠습니다. 인도 말에도 뛰어나 많은 경전을 번역했습니다.

천복사에는 당나라 승려 의정의 인도 순례를 기념하려고 세운 소안탑이 있습니다. 이 탑의 높이는 약 43미터이며 13층으로 이루어져 있지요.

천복사는 신라 승려 혜초가 인도 순례를 마치고 돌아와 불경을 번역했던 곳이기도 합니다. 혜초는 배를 타고 인도로 가서 4년 동안 여행하고, 비단길을 거쳐 시안으로 돌아왔습니다. 혜초는 일흔여섯 살로 세상을 뜰 때까지 약 50년 동안 시안에서 살며 불교 연구에 힘썼습니다.

그러나 이토록 활기 넘치던 시안을 슬픈 눈으로 바라보아야 했던 사람도 있었습니다. 백제의 마지막 왕인 의자왕이지요. 의자왕은 백제가 신라와 당나라의 연합군에게 망한 뒤, 백성들과 함께 시안으로 끌려왔습니다. 의자왕은 결국 고향으로 돌아가지 못하고 시안에서 병이 들어 죽었지요.

시안에는 중국에서 가장 큰 이슬람 사원도 있습니다. 이슬람교는 7세기 중엽 비단길을 통해 아라비아에서 중국으로 전해졌다고 합니다. 다른 종교에 대해서도 관대한 분위기였기에 가능했던 일이지요.

비단길을 개척한 장건

아주 먼 옛날부터 상인들은 동서양을 오고 갔지만, 본격적으로 큰 상인들이 오가는 길이 생겨난 것은 중국 한나라 때부터입니다. 이 길을 처음으로 개척한 사람은 장건이었습니다. 장건은 중국을 괴롭혀온 흉노족을 치기 위해 한나라 황제 무제(기원전 156~87)가 월지국(지금의 아프가니스탄)과 동맹을 맺기 위해 보낸 사신이었습니다.

기원전 139년, 장안(지금의 시안)을 떠난 장건은 흉노족에게 붙잡혔다 도망치는 고생 끝에 월지국에 도착했습니다. 장건은 월지국과의 동맹은 실패했지만, 서역(중국 서쪽에 있는 여러 나라)에 대한 소식을 접하게 되었습니다.

장안을 떠난 지 13년 만에 험한 산맥과 사막을 지나 고향에 돌아온 장건은 서역에 훌륭한 말들이 많으며, 서역 상인들에게 중국의 비단이 큰 인기가 있다고 한무제에게 보고했지요. 그 뒤, 한나라는 서역 정벌에 나서 교역로를 통제하게 되었습니다. 장삿길을 보호하고 대상들을 서역으로 보내, 중국의 비단은 로마까지 전해지게 되었습니다. 20세기에 들어와 독일의 학자들은 이 길을 비단길(Silk Road, 실크로드)이라고 이름 지었답니다.

사막의 대화랑 둔황의 막고굴

중국 간쑤성 북서쪽에 위치한 둔황은 오아시스 도시입니다. 서쪽에는 타클라마칸 사막, 동쪽에는 고비 사막이 있지요. 둔황은 국경과 가까워 외적을 막고 나라를 지키는 데 중요한 군사 기지였습니다. 그러다가 한나라 무제 때부터 큰 상인들이 오가는 활기 넘치는 도시가 되었습니다.

둔황은 멀고 험한 비단길의 중간에 있었습니다. 그래서 동서양의 물건들이 오갈 때면 이 도시를 거쳐야 했지요. 불교도 둔황을 거쳐 중국으로 전해졌습니다.

둔황의 중심에서 25킬로미터 떨어진 곳에 명사산이 있습니다. 명사산 동쪽 벼랑에는 크고 작은 석굴들이 약 1600미터나 늘어서 있습니다. 이 석굴들은 사막보다 높다는 뜻에서 '막고굴'로 불립니다. 막고굴은 366년에 승려 닉준이 최초로 만들었다고 하지요. 그 뒤로 계속 석굴들이 만들어지면서 1,000여 개에 달하게 되었습니다. 그래서 이곳을 천불동이라고도 부릅니다. 이 가운데 지금은 492개만이 예전의 모습을 유지하고 있습니다.

막고굴 안은 벽화와 불상들로 채워져 있습니다. 막고굴의 불상들은

막고굴
위치 중국 간쑤성 주취안 시
특징 비단길 거점 지역, 오아시스 도시
지정 유네스코 세계유산
눈여겨 볼 곳 막고굴

거의 흙으로 만든 것입니다. 이곳의 바위는 부스러지기 쉬워 불상을 만들기에 알맞지 않았기 때문이지요. 그래서 나무에 보릿대나 억새 줄기를 감고 진흙을 발라 만들었습니다.

막고굴은 동굴에 그려진 벽화들 덕분에 '사막의 대화랑'이라는 별명까지 얻었습니다. 벽화에는 그 시대의 풍습과 불교의 가르침. 그리고 극락세계의 모습 등이 그려져 있습니다. 벽화에 그려진 옷과 춤추는 모습. 악기들은 모두 귀중한 역사 자료가 되고 있지요. 특히 석굴 중 61굴의 벽화인 오대산지도에는 신라 고승의 사리탑으로 여겨지는 탑이 그려져 있습니다. 그러나 무역로가 다른 곳으로 바뀌면서 둔황은 점점 잊혀졌습니다.

1900년 6월의 어느 날. 막고굴의 한 작은 방에서 엄청난 양의 고문서들이 우연히 발견되었습니다. 무려 5만 점에 이르는 불경과 그림 들이었지요. 7년 뒤. 이 소문을 들은 헝가리 출신의 영국 관리인 스타인이 둔황을 찾아와 경전과 그림 들을 헐값에 사들여 영국으로 가져갔습니다.

이듬해에는 프랑스 학자 펠리오가 찾아왔습니다. 펠리오는 17굴에서 혜초의 《왕오천축국전》을 발견하여 다른 유물들과 함께 프랑스로 보냈습니다. 지금도 《왕오천축국전》은 파리국립도서관에 소장되어 있습니다.

17굴에서 발견된 불경과 그림 들은 동양학 및 불교 미술 연구에 크게 이바지했습니다.

왕오천축국전

옛날 중국 사람들은 인도를 천축이라 불렀습니다. 《왕오천축국전》은 신라 승려 혜초가 지은 책입니다. 혜초는 열여섯 살에 중국 당나라로 유학을 떠나 그곳에서 인도 승려 금강지를 스승으로 삼았습니다. 스승의 권유에 따라 혜초는 불법을 제대로 공부하고 체험하기 위해 인도로 떠나지요.

723년에 배를 타고 인도로 간 혜초는 인도와 페르시아, 아랍, 중앙아시아의 여러 나라를 여행하고 기록했습니다. 《왕오천축국전》은 이들 나라의 역사와 문화를 기록한 소중한 자료입니다. 혜초는 사막과 험한 산을 넘어 여행을 떠난 지 4년 만인 727년에 중국으로 돌아왔습니다. 그리고 그 뒤로도 깊이 공부하고 연구하여 불교 발전에 크게 기여했지요.

전설 속의 도읍 앙코르 유적

캄보디아 북서쪽에 있는 시엠렘이라는 고장에는 오랫동안 이상한 전설이 떠돌았습니다. 정글 속에 버려진 도읍이 있는데, 그곳에 들어간 사람에게는 반드시 저주가 내린다는 것이었지요. 그래서 사람들은 이 정글 속에 들어가려 하지 않았습니다.

1860년, 이 이야기를 듣고 찾아온 프랑스 자연학자 앙리 무오는 버려진 도읍을 찾아 정글 속으로 들어갔습니다. 며칠 동안 정글을 헤매던 앙리 무오의 눈앞에 마치 마술처럼 웅장하고 아름다운 건축물들이 나타났지요.

이 정글 속에 오랫동안 잠자고 있던 것이 바로 앙코르 유적입니다. 앙코르는 9~15세기에 대단히 크고 힘센 왕국을 세웠던 크메르 제국의 수도가 있던 곳이지요. 크메르 제국은 지금의 태국, 라오스, 베트남까지 세력을 떨쳤답니다.

앙코르 지역은 처음 왕국이 들어설 때만 해도 농사를 짓기에 알맞지 않은 곳이었다고 합니다. 1년 가운데 6개월은 가뭄이 들고, 나머지 6개월은 비가 너무 많이 와서 늪으로 변했으니까요. 크메르 왕들은 이러한 환경을 바꾸기 위해 운하를 파고 인공 호수를 만들었습니다. 그 덕분에 농사를 1년 내내 지을 수 있게 되었지요. 먹을 걱정이 없어진 백성들은 왕을 신처럼 따랐답니다.

앙코르 사람들은 왕이 죽으면 그들이 믿던 신과 하나가 된다고 생각했습니다. 그래서 앙코르에는 신을 위한 웅장한 사원들이 여러 개 세워졌지요. 앙코르 와트도 그 가운데 하나입니다.

앙코르 와트는 12세기에 완성된 힌두교 사원입니다. 앙코르 와트를 짓는 데 37년이나

앙코르 유적
위치 캄보디아 북서부
특징 크메르 제국의 수도
지정 유네스코 세계유산
눈여겨볼 곳 앙코르 와트, 앙코르 톰

걸렸다고 하니 그 엄청난 규모를 짐작할 수 있겠지요.

　앙코르 와트에는 앙코르 사람들의 우주관이 잘 나타나 있습니다. 앙코르 와트를 빙 둘러 파 놓은 못인 해자는 끝없는 바다를 뜻합니다. 해자는 폭이 190미터에 길이는 5.4킬로미터나 되지요. 중앙 사원에 있는 탑은 지구의 중심으로, 신들의 자리를 뜻하는 수미산을 나타낸 것입니다. 사원을 둘러싼 벽은 히말라야 산맥을 상징하지요.

　중앙 사원의 벽에는 훌륭한 솜씨로 돋을새김된 조각들이 있습니다. 그 중에는 아름다운 여신들이 춤을 추는 모습도 있지요. 이들을 '압살라'라고 부르는데, 힌두교 신화에 나오는 춤추는 여신이랍니다. 크메르 제국에서는 해마다 압살라를 뽑아 춤추는 동작을 가르쳤다고 하지요.

　크메르 제국은 13세기 말부터 점점 힘이 약해지다가 결국 15세기에 샴족(지금의 태국)의 침략으로 멸망했습니다. 그 뒤, 앙코르에는 나무와 풀 들만 무성하게 자라 찬란한 앙코르 유적들은 정글 속에 파묻혀 버렸지요. 400여 년 동안 정글 속에 버려져 있던 앙코르 유적이 세상에 알려지자, 전 세계 사람들은 깜짝 놀랐습니다.

그러나 1970년대에 이곳은 전쟁터가 되어 버렸습니다. 앙코르 유적은 조각상들이 부서지고 사원에 총알 자국이 흉하게 나는 등 심한 상처를 입었지요. 또한 중요한 유물들이 몰래 다른 나라로 팔려가기도 했답니다. 다행히도 지금 앙코르 유적은 여러 나라의 도움으로 원래의 모습을 되찾고 있습니다.

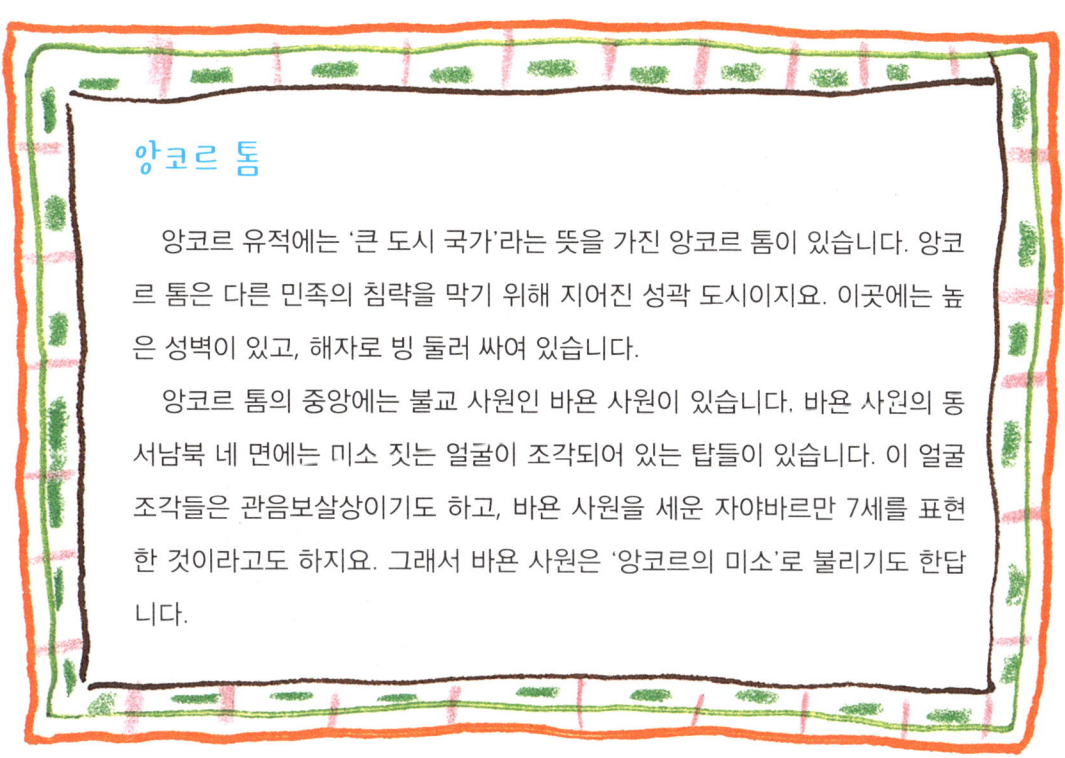

앙코르 톰

앙코르 유적에는 '큰 도시 국가'라는 뜻을 가진 앙코르 톰이 있습니다. 앙코르 톰은 다른 민족의 침략을 막기 위해 지어진 성곽 도시이지요. 이곳에는 높은 성벽이 있고, 해자로 빙 둘러 싸여 있습니다.

앙코르 톰의 중앙에는 불교 사원인 바욘 사원이 있습니다. 바욘 사원의 동서남북 네 면에는 미소 짓는 얼굴이 조각되어 있는 탑들이 있습니다. 이 얼굴 조각들은 관음보살상이기도 하고, 바욘 사원을 세운 자야바르만 7세를 표현한 것이라고도 하지요. 그래서 바욘 사원은 '앙코르의 미소'로 불리기도 한답니다.

알쏭달쏭 퀴즈

1. 고대 수메르 사람들이 사용했던 문자는 무엇일까요?

① 쐐기문자
② 아라비아어
③ 갑골문자
④ 상형문자

2. 이집트 문명이 싹튼 강의 이름은 무엇일까요?

① 티그리스 강
② 황허 강
③ 나일 강
④ 인더스 강

3. 고대 이집트 사람들이 종이를 만들기 위해 사용한 식물로, 나일 강 습지에서 자라는 갈대의 이름은 무엇일까요?

4. 마야 사람들이 처음으로 발견한 숫자는 다음 중 무엇일까요?

① 1
② 100
③ 10000
④ 0

5. 그리스 신화에 나오는 스핑크스 이야기에서 스핑크스의 수수께끼를 풀었던 용감한 젊은이의 이름은 무엇일까요?

① 오이디푸스
② 쿠푸
③ 카프라
④ 투탕카멘

6. 고대 이집트에서 정치와 종교의 최고 통치자를 나타내는 말은 무엇일까요?

7. 인도 무굴 제국의 황제 샤 자한은 누구를 위해 무덤 궁전 타지마할을 지었나요?

① 아버지
② 딸
③ 어머니
④ 아내

8. 다음 중 도시와 종교가 서로 어울리지 않는 것을 고르세요.

① 바라나시 - 힌두교
② 부다가야 - 그리스도교
③ 예루살렘 - 유대교, 그리스도교, 이슬람교
④ 메카 - 이슬람교

9. 한 아기를 놓고 서로 자기 아이라고 다투는 여자들에게 지혜로운 판결을 내린 것으로 유명한 유대 왕국의 왕은 누구일까요?

10. 라마단은 이슬람교에서 가장 성스럽게 여기는 달입니다. 이때 이슬람교 신자들이 하는 행동으로 옳은 것을 고르세요.

① 음식을 성대하게 준비해서 이웃들과 나누어 먹는다.
② 집 밖으로 나가지 않는다.
③ 해가 뜰 때부터 질 때까지 아무것도 먹지 않는다.
④ 가족과 친구들과 함께 여행을 간다.

11. 그리스 아테네의 파르테논 신전은 어느 신을 모신 신전인가요?

① 제우스
② 니케
③ 포세이돈
④ 아테나

12. 앙코르 사람들이 신을 위해 세웠던 웅장한 사원 중 하나로 37년이나 걸려 완성된 이 건물의 이름은 무엇인가요?

13. 고대 건축물 중 이름과 쓰임새가 잘못 연결된 것을 고르세요.

① 콜로세움 - 원형 경기장
② 판테온 - 신전
③ 지구라트 - 무덤
④ 타지마할 - 무덤

정답

답을 맞춰 보아요~

1. ①
2. ③
3. 파피루스
4. ④
5. ①
6. 파라오
7. ④
8. ②
9. 콜로숨
10. ③
11. ④
12. 앙코르 와트
13. ③

세상을 바꾼 문명 이야기

초판 제1쇄 발행일 2013년 4월 25일
초판 제4쇄 발행일 2014년 12월 10일

글쓴이 · 김윤정
그린이 · 이상미

펴낸이 · 소병훈
주　간 · 오석균
편　집 · 최혜기
디자인 · 소미화
마케팅 · 권상국
관　리 · 이용일. 김경숙
펴낸곳 · 도서출판 산하 | 등록번호 · 제300-1988-22호
주소 · 110-053 서울특별시 종로구 사직로8길 21-2 (내자동 서라벌빌딩 4층)
전화 · (02)730-2680(대표) | 팩스 · (02)730-2687
홈페이지 · www.sanha.co.kr · 전자우편 · sanha83@empas.com

글ⓒ김윤정. 2013
그림ⓒ이상미. 2013

ISBN 978-89-7650-405-0 74900
ISBN 978-89-7650-800-3 (세트)

*이 도서의 국립중앙도서관 출판시도서목록(CIP)은 e-CIP홈페이지(http://www.nl.go.kr/ecip)와
 국가자료공동목록시스템(http://www.nl.go.kr/kolisnet)에서 이용하실 수 있습니다. (CIP제어번호 : CIP2013002531)
*이 책의 내용은 저자나 출판사의 동의 없이 사용할 수 없습니다.